事例で学ぶ

障がいのある人の意思決定支援

地域生活を支える成年後見活動

小澤温・大石剛一郎・川崎市障がい者相談支援専門員協会 [編]

現代人文社

はじめに

　北欧の知的障害児親の会の運動から始まったノーマライゼーションの流れは、「完全参加と平等」をテーマに1981年国際障害者年制定へと広がります。障がいのある人たちに障がいのない人たちと同じ条件を作り出し、障がいをノーマルにするのではなく、取り巻く環境・生活条件をノーマルにすることをめざして支援するために、福祉行政から法律面まで整備が進みました。日本においても21世紀幕開けの前年、2000年4月に行政「措置」主体で管理的であった福祉制度が廃止され、支援サービスが「契約」を主体にしたものになる中で、成年後見制度がスタートしました。超高齢化社会を目の前にして障がい者も年齢を重ねると共に親も高齢化し、親なき後の継続的な支援と権利擁護のために成年後見制度の利用が一層進められる必要があります。

　精神科医である私は、川崎市障害者更生相談所の嘱託医として約30年間、主に養護学校（現在の特別支援学校）卒業生の手帳取得、能力評価、進路相談等を目的とした判定会議・ケア会議に参加してきました。行動障がいや情緒障がいが顕著なために、その後も診療につながって経過を観察する人たちと数多く関わって来ました。彼らの中には、いわゆる医学モデルでは到底解決できないことも多く、といって生活モデルとしてとらえるには福祉事務所などの協力はあるものの障がい者の日常生活情報がやや一面的で細やかさには欠け、医療の限界と共に無力さを感じていました。2002年頃に障害者支援ネットワークの中心プレイヤーとして相談支援専門員（当時は、障害者ケアマネジメント従事者）が登場し、2006年には障害者自立支援法により相談支援事業が制度化され

たことは、実に画期的でした。彼ら相談支援専門員の昼夜を問わない継続的な日常生活支援が始まり、私の診療行為も支援ネットワークの中で「医療」支援と位置づけられるようになっていきました。相談支援専門員の関わりによって生活の質や医療機関との連携、就労への橋渡し等、ずいぶんと障がい者の支援のあり方も重層的になってきています。一方、支援制度が充実する中で相談支援専門員自身が孤立無援になりがちで、ストレスを抱えたまま身動きが取れない状況が生まれたことを踏まえて、各地域の支援員同士が横断的に集まり切磋琢磨できる場が強く望まれました。そこで、2010年に相談支援専門員が中心となり、川崎市障がい者相談支援専門員協会（KSA）が設立されました。事例検討会や日頃の支援の悩みを話し合う中で、障がい者を法的に守る後見人の必要性が皆の共通認識となったのですが、家族・親族による後見はさまざまな弊害が問題となっていました。しかしながら、障がい特性を理解した上で引き受けてくれる個人は少なく、ならば自分達が法的代弁者として後見業務も受けて日常の相談支援と並行していくのが、障がい者と支援者双方にとってプラスになると考え、少しずつ法人後見活動を広げています。今回上梓された「事例で学ぶ障がいのある人の意思決定支援——地域生活を支える成年後見活動」は、法人成年後見制度の概要と課題および実際の事例報告についてまとめたものです。法人後見は、障がいのある当事者、障がい者支援に関わる支援者をはじめ、障がい者を抱える家族の方々の一助となり、障がい者が少しでも安心して地域で暮らせる共生社会の実現に向けて大きな支えになると確信しています。

2017年3月

こころのクリニック 自由が丘診療所　院長

崔 震圭

目次

はじめに ……………………………………………………………… 2

第1章 意思決定支援の状況と課題　　小澤 温

● 意思決定支援の状況 …………………………………………… 10
　1「意思決定」と「意思決定支援」を考える …………………… 10
　2「意思決定支援」をめぐる政策の動向 ……………………… 12
● 障害者権利条約と意思決定支援
　―障害者権利条約第12条の与える影響 ……………………… 15
　1 障害者権利条約の特徴 ……………………………………… 15
　2 文献に見る日本への影響 …………………………………… 16
　3 障害者権利条約批准へのあゆみ …………………………… 18
　4 障害者権利条約第12条をめぐって ………………………… 21
● 意思決定支援の課題と今後に向けて ………………………… 23
　1 意思決定支援の課題 ………………………………………… 23
　2 意思決定支援ガイドラインをめぐって …………………… 26
　3「最善の利益」と支援について ……………………………… 28

第2章 知的・発達障がいについての基礎知識　平野光男＋田中真由美

● 知的障がい・発達障がいへの理解 …………………………… 34
　1 知的障がいへの理解 ………………………………………… 34
　2 発達障がいへの理解 ………………………………………… 36
● 知的障がい・発達障がい者のライフステージ ……………… 41
　《事例から》 …………………………………………………… 42
　（1）出生〜幼児期 ……………………………………………… 42
　（2）学齢期 ……………………………………………………… 45
　（3）卒後〜現在――誰が本人の意思決定支援を担うのか …… 47
● 知的・発達障がい者の地域生活における意思決定支援 …… 49

4　目次

第3章 障害者相談支援事業と成年後見制度
小嶋珠実

- 障害者総合支援法とは ……………………………………………… 52
- 障害者相談支援事業 ………………………………………………… 53
- 障害者相談支援事業所 ……………………………………………… 54
  - 1 障害者相談支援事業者の役割 …………………………………… 55
  - 2 基幹相談支援センター …………………………………………… 57
- 相談支援専門員 ……………………………………………………… 58
- 川崎市障がい者相談支援専門員協会（KSA） …………………… 59
  - 1 川崎障がい者相談支援専門員協会（KSA）の設立 ……………… 59
  - 2 法人後見の開始 …………………………………………………… 60
  - 3 KSAでの成年後見活動の特徴 ………………………………… 64

第4章 実際の事例から学ぶ

事例1

一人暮らしを希望するＡさんの生活を支える補助人の役割 ——— 中古 翠

- ・事例の概要 …………………………………………………………… 68
  - (1) Ａさんについて ………………………………………………… 68
  - (2) 一人暮らし ……………………………………………………… 69
- ・申立て〜審判の経過 ………………………………………………… 71
  - (1) 経緯 ……………………………………………………………… 71
  - (2) 申立て〜審判 …………………………………………………… 71
- ・支援の具体例と現状 ………………………………………………… 73
  - (1) 一人暮らしを開始したＡさんの日常生活 …………………… 73
  - (2) Ａさんの転職 …………………………………………………… 74
- ・まとめ ………………………………………………………………… 75

目次

事例2

粗暴行為を示すBさんの地域生活を支援する関係機関の連携 ─── 平野光男

- ・事例の概要 ……………………………………………………… 77
- ・申立て〜審判の経過 …………………………………………… 79
- ・支援の具体例と現状 …………………………………………… 82
  - (1) BさんとKSA担当者との関係の構築 ……………………… 82
  - (2) Bさんの帰宅について ……………………………………… 84
  - (3) 医療保護入院について …………………………………… 85
- ・まとめ …………………………………………………………… 86

事例3

浪費傾向を示すCさんの日常生活を支える保佐人の役割 ─── 船井幸子

- ・事例の概要 ……………………………………………………… 88
- ・申立て〜審判の経過 …………………………………………… 89
- ・支援の具体例と現状 …………………………………………… 91
  - (1) Cさんの浪費傾向 …………………………………………… 91
  - (2) Cさんの結婚 ………………………………………………… 92
- ・まとめ …………………………………………………………… 95

事例4

地域生活を望むDさんの施設退去に向けての補助人の役割 ──── 大場 幸

- ・事例の概要 ……………………………………………………… 98
  - (1) 住まいのなくなったDさん ………………………………… 98
  - (2) 相談支援専門員との出会い ……………………………… 99
- ・申立て〜審判の経過 …………………………………………… 101
- ・支援の具体例と現状 …………………………………………… 103
  - (1) Dさんの地域で生活する権利をまもる …………………… 103
  - (2) 想定されるリスクへの対応 ……………………………… 106
- ・まとめ …………………………………………………………… 107

事例5

重度知的障がいがあり発語が困難なEさんの意思決定支援 ——— 小嶋珠実

- 事例の概要 ……………………………………………………………… 109
- 申立て～審判の経過 …………………………………………………… 110
- 支援の具体例と現状 …………………………………………………… 110
  - (1) 食事 ………………………………………………………………… 111
  - (2) 余暇の過ごし方 ………………………………………………… 112
  - (3) グループホームでの過ごし方 ………………………………… 113
  - (4) 医療 ……………………………………………………………… 114
- まとめ …………………………………………………………………… 115

事例6

自閉症であるわが子の意思を尊重した44年 ——————— 明石洋子

- やまゆり園の殺傷事件から考えたこと
  一人一人の命の重さと尊厳を大切にする共生社会の実現が再犯防止策！
  ……………………………………………………………………………… 119

- 専門家から「ノーマライゼーション」を、当事者から「当事者性」を学ぶ
  「障害者の権利宣言」(国連1975年)などの知識を得て、目から鱗が落ちた！
  ……………………………………………………………………………… 121

- 親亡き後も「地域に生きる」を保障する、待望の法律が次々に制定された
  「意思決定支援」で障がい者の尊厳、「自分らしく生きる」が可能に！
  ……………………………………………………………………………… 123

- 「思いを育て、思いに寄り沿う」子育て方針が、結果「意思決定支援」に
  「意思決定支援」は「合理的配慮」をしてこそ可能になる！
  ……………………………………………………………………………… 129

- 意思がわかりづらい人の意思決定支援の具体例として
  問題行動について発想の転換をすることで、気がついた！
  ……………………………………………………………………………… 131

- 成年後見と意思決定支援
  専門家に期待すること
  ……………………………………………………………………………… 134

目次

第5章 誰が本人の意思を支援するのか
大石剛一郎

● 成年後見制度利用促進法について ……………………………………… 138

　1 制定の理由・目的 ……………………………………………………… 138

　2 基本理念 ………………………………………………………………… 138

　3 利用促進施策推進のための基本方針 ……………………………… 139

　4 必要な法制上の措置・財政上の措置の速やかな実行、
　　 施策実施状況の公表 ………………………………………………… 140

　5 基本計画・成年後見制度利用促進会議・成年後見制度利用促進委員会
　　 …………………………………………………………………………… 140

　6 地方公共団体の努力義務 …………………………………………… 141

　7 参議院の附帯決議（自己決定権の尊重、成年後見人等の監督強化）
　　 …………………………………………………………………………… 141

　8 民法・家事事件手続法の改正 ……………………………………… 141

　9 上記1～8をふまえて利用促進法の制定
　　 （および民法・家事事件手続法の改正）をどう考えるか ………… 142

● 成年後見活動と意思決定支援 ………………………………………… 147

　1 成年後見制度の現状と本人の意思の尊重 ……………………… 147

　2 具体例 ………………………………………………………………… 148

　3 「意思決定支援」について …………………………………………… 150

　4 成年後見活動に求められる意思決定支援 ……………………… 152

参考文献・資料 ……………………………………………………………… 154

おわりに ……………………………………………………………………… 155

第1章

意思決定支援の状況と課題

小澤 温
（筑波大学人間系）

第1章

意思決定支援の状況と課題

小澤 温（筑波大学人間系）

◇ 意思決定支援の状況

1 「意思決定」と「意思決定支援」を考える

　「意思決定」とは何かについて論じることは非常に困難である。その理由としては、「意思決定」は、本書にみられるように、成年後見制度、施設や福祉サービスにおける支援場面などのさまざまな状況で語られており、その状況も含めて論じないと、「意思決定」の意味することがはっきりしないからである。

　それでは、「意思決定」はこれまでどのような状況で語られてきたのだろうか。これまで「意思決定」について論じられてきたことを整理すると、「人権」、「自立」、「ソーシャルワーク」の大きく3つの文脈で捉えることができる。

　ここでは、どのように「意思決定」と「意思決定支援」が論じられてきたかについて、それぞれみていくことにする。

(1)「人権」の観点

　「人権」の観点で「意思決定」を重視する考え方は、知的障害者福祉では、脱施設化（入所施設から地域生活への移行）の流れの中にみることができる。ここでは、入所施設生活の中で、「意思決定」を奪われてきた障がい者の権利の回復としてとらえることができる。障がい者は、長

年の施設生活や施設入所に至るまでの家族との同居生活の中において
「意思決定」を奪われた状況から、「私たちは自分で、日常生活、人生を
決めたい、自分でこういうふうにしたいということを自分で言いたい」
と表明する状況へと変化したという、障がい者自身の考え方の転換とし
てとらえることができる。

　この「意思決定」に関する権利を法的、制度的に位置づける考え方も
ある。スウェーデンの「新援護法」（1985年）における規定は有名である
が、それに先立つスウェーデン政府の「知的障害をもつ人の自由と権利」
（1981年）の冊子では、他の人たちと同じ権利、自分で選択する訓練、
成人になった人による意思表示、（施設職員、支援職員などとの）協議
と共同決定、の４つの権利とその保障について記載されている。この冊
子は障がいのある当事者向けのものがあり、そこでは、「あなたには自
分のことについて決める権利があります」、「あなたは自分でえらぶこと
ができます」、という表現によって明確に「意思決定」を法的・制度的な
権利として強調している[1]。

⑵「自立」の観点

　次に、「自立」の観点で「意思決定」をみていく。もともと、「意思決
定」と「自立」とは別の概念であったが、これらの概念を統合する考え
方として、1960年代からアメリカで始まった自立生活運動がある。自
立生活運動では、これまで医療（リハビリテーション）で絶対視されて
いた「ADL（日常生活動作）の自立」という自立観から、「QOL（生活の質）
を充実させること」を自立として考えることへの価値観の移行を意味し
ている点で重要である。さらに近年では、この考えをより推し進めた形
で、障がい者の意思決定と選択権が最大限に尊重されている限り、たと
え全面的な介助を受けていても人格的には自立していると考える方向が

意思決定支援の状況　　**11**

生じてきた。これはどんな重度の障がい者でも自立はありえることを理念的に示している点で重要である。

⑶「ソーシャルワーク」の観点から

　「ソーシャルワーク」の観点からは、バイステックの７原則の一つとして有名なクライエントの自己決定原則がある。これは、クライエントの意思決定を絶えず考慮しながら、（あるいは、クライエントの意思決定能力を高めながら）支援を行う原則である。

　もともと、「意思決定」と「支援」とは緊張関係の伴うものであり、障がい者の「意思決定」を極端に重視する考え方も、専門職の判断による「支援決定」を極端に重視する考え方も非常に問題の多いことがいわれている。

　自立生活運動は、先に記したように専門家主導の支援のあり方に対しての批判運動としての特徴がみられる。この中には、従来のサービス提供の仕方はサービス利用者である障がい者の意思決定や問題解決の力を奪い、障がい者をパワレス（力のない）の状態にしていると考え、この状態の克服として、障がい者自身のエンパワメント（力をつけること）を重視している。したがって、自立生活運動の目指す障がい者像は自立した主体的な生活者像である。しかし、現実の障がいには、知的障がいや精神障がいなどの自らの意思を明確にし、主張していく能力に弱さのある障がい者も存在している。このことに関しては、意思決定能力を支えていくことを行う支援者（言い換えれば、エンパワメントを支援する支援者）の果たす役割が重要である。

2　「意思決定支援」をめぐる政策の動向（表１参照）

　意思決定支援について、障害福祉制度との関係の中で、着目されたの

表1　障害者権利条約をめぐる近年の主な法制度の動向

1．障害者自立支援法の改正に向けた議論
・障害者自立支援法改正に関する報告書（社会保障審議会・障害者部会、2008年12月）

2．障害者自立支援法の廃止と障害者権利条約批准に向けた議論
・障がい者制度改革推進会議第1次意見書（2010年6月）
・障がい者制度改革推進会議第2次意見書（同年12月）
・障害者基本法改正（2011年8月）
・障がい者制度改革推進会議・総合福祉部会骨格提言（2011年8月）

3．障害者総合支援法の登場
・障害者総合支援法（2012年6月成立、2013年4月施行）

4．障害者権利条約批准への準備
・障害者虐待防止法成立（2011年6月）
・障害者差別解消法成立、精神保健福祉法改正、障害者雇用促進法改正（2013年6月）
・障害者基本計画［第3次：2013年度～2017年度］（2013年9月）
・障害者権利条約の批准（2014年1月）、発効（同年2月）

5．障害者総合支援法の見直しの議論
・障害者総合支援法施行3年後の見直しに関する報告書（社会保障審議会・障害者部会、2015年12月）
・障害者総合支援法改正（2016年5月）

（著者作成）

意思決定支援の状況　13

は、2010年から2011年にかけて、障害者自立支援法に代わる法律の制定を目指した「障がい者制度改革推進会議・総合福祉部会」の議論であった。この議論は、最終的には、「障害者総合福祉法の骨格に関する総合福祉部会の提言」(2011年8月) という形で報告書[2]にまとめられた。

その中の「選択と決定」という箇所で、新たな支給決定にあたっての基本的なあり方として、「支援を必要とする障害者本人 (及び家族) の意向やその人が望む暮らし方を最大限尊重することを基本とする」としている。

また、この報告書の「関連する他の法律や分野との関係」という箇所では、民事法との関連のところで、「現行の成年後見制度は、権利擁護という視点から本人の身上監護に重点を置いた運用が望まれるが、その際重要なことは、改正された障害者基本法にも示された意思決定の支援として機能することであり、本人の意思を無視した代理権行使は避けなければならない」とし、さらに続けて、「同制度については、その在り方を検討する一方、広く意思決定支援の仕組みを検討することが必要である」として、今後の検討課題としてあげている。

その後、障害者自立支援法に代わって成立した障害者総合支援法 (2013年施行) では、2014年から施行後3年目の見直しがなされ、2015年12月には、社会保障審議会・障害者部会報告書「障害者総合支援法施行3年後の見直しについて」が公表された。

この報告書の中の「障害者の意思決定支援・成年後見制度の利用促進の在り方について」において、意思決定支援に関してふれている。ここでは、最初に、障害者総合支援法の基本理念で、障がい者がどこで誰と生活するかについての選択の機会が確保されることと、事業者に対して障がい者の意思決定支援への配慮に努めることが明示されていることを強調している。その上で、意思決定支援ガイドラインの策定に関して言

及している。

　成年後見制度に関しては、「成年後見制度の利用形態に偏りがあり、『後見』の利用者が『保佐』や『補助』の利用者に比べて非常に多く、適切な後見類型が選択されていないのではないか」という懸念を記している。

　今後の取組みとしては、意思決定支援ガイドラインを策定し、事業者および関係者の間で共有し、策定されたガイドラインを利用した相談支援専門員やサービス管理責任者の研修の実施を提起している。

◇障害者権利条約と意思決定支援
──障害者権利条約第12条の与える影響

1　障害者権利条約の特徴

　2006年の第61回国連総会において「障害者の権利に関する条約」（以下、「障害者権利条約」とする）が採択された。これまで、「国際障害者年」とその理念の具体化のための計画としての「障害者に関する世界行動計画」、「国連・障害者の十年」の終了後に国連で採択された「障害者の機会均等化に関する標準規則」など、障がい者の権利に関する理念、行動計画、規則は存在していたが、拘束力のある条約はなかった。法的な拘束力のある条約として「障害者権利条約」が国連総会で採択されたことは各国の取組みの実効性を推進する点で、きわめて大きな意義を有している。日本政府は2014年にこの条約に批准した。

　「障害者権利条約」は前文と本文50カ条から構成されている。条約の主な条文としては、第1条：目的、第2条：定義、第6条：障害のある女子、第7条：障害のある児童、第12条：法律の前にひとしく認められる権利、第13条：司法手続の利用の機会、第16条：搾取、暴力及び

虐待からの自由、第19条：自立した生活及び地域社会への包含、第21条：表現及び意見の自由並びに情報の利用、第24条：教育、第25条：健康、第26条：ハビリテーション（適応のための技能の習得）及びリハビリテーション、第27条：労働及び雇用、第30条：文化的な生活、レクリエーション、余暇及びスポーツへの参加、第33条：国内における実施及び監視、などがあり、わが国の国内法に大きな影響を与える内容を含んでいる。

　これらの条文は、これまでの国際人権法における人権規定を踏襲しているものであるが、この条約においては障がい者の権利として明確化し、権利保障を実行性のあるものにする点で重要である。また、この条約でとくに重要視されていることは、「合理的配慮」という考え方である。障がい者が権利を行使できない環境に置かれている場合、個々の状況に応じて、その環境を改善したり調整したりする必要がある。個々の状況に応じた環境の改善・調整を怠った場合は、差別として位置づけることができる点は重要である。また、条約および規定の実行のために、国内モニタリングを行う中心機関を政府内に設置し、国際的なモニタリングを行う中心機関（委員会）を設置することを規定したことは、条約の実効性の面で大きな推進力となる。

2　文献に見る日本への影響

　ここでは、とくに障がい者の権利という観点で、いくつかの文献を取り上げ、わが国への影響を考えてみることにする。

　川島らは、障害者権利条約の特徴を、障がい者観の転換、新しい概念の導入、自由権と社会権の混成条約、人権と社会の人的・社会的・経済的開発の混成条約、障がい者の策定過程および実施過程への参加、といった点で整理をしている[3]。とくに、障がい者観の転換では、障がい者を治療や保護の「客体」ではなく、人権の「主体」としてとらえる障が

16　第1章　意思決定支援の状況と課題

い者観に立脚している。新しい概念としては、合理的配慮の否定が差別になることの明記、手話を言語として認めていること、インクルージョン（地域社会への包容）の原則の確認、自己決定に必要な支援を受けて地域社会に自由に暮らす権利を自立生活と定義したこと、などをあげている。

　東は、権利保障の観点から、日本の福祉法の特徴を、立法の不均衡な発展、権利性がない、もしくは人権を侵害しかねない福祉法のあり方、差別の基準の不存在、行政救済機関の不存在、を指摘している。その上で、障害者権利条約の批准と障害者差別禁止法の制度化の必要性を提起している[4]。

　これらの論文は、わが国の障害者福祉の法制度において、「権利性」、「差別禁止」の明確な基準が示されてこないことへの疑問についてふれている。「障害者権利条約」批准問題を契機に、わが国の障害者福祉の法制度そのもののゆがんだ側面を明らかにし、グローバル・スタンダードに基づいて修正することになるのであれば、障害者条約の批准は、わが国の障害者福祉にきわめて大きなインパクトを与えるものになると思われる。

　阿部は、障がい者排除にもっとも寄与してきたのは権利と義務といった２分法の考え方が最大の元凶であったことを指摘している。阿部は障害者権利条約の最大の法的な意義は、権利義務構造の問題性にたって、法文も２分法からの決別を宣言したことをあげている[5]。障害者権利条約は、基本的人権である自由権（個人の自由と幸福追求を保障する権利）と社会権（社会的弱者の社会的な問題を解決し、実質的平等を保障する権利）の協動性によって権利の十分な実現を確保する点で特徴的であることを指摘している。さらに、阿部は、障害者権利条約の重要性を、「差異ある平等」と「多元性の承認」という２つの側面から整理をしている。

このような法的な特徴とは別に、藤井は、障がい者の参加の観点で、障害者権利条約の本質的な意義を論じている。とくに、政策決定の参加では、政策の対象は障がい当事者であり、対象となる側の視点やニーズが反映された場合に、「その政策は当事者の立場に近づくこと」、「審議や検討の場に同席している関係者への触発」、「障害当事者のエンパワメントの強化」、「障害当事者の政策への帰属意識の高まり」、「社会全体の障害者および障害分野への見方の好影響」、の5点をあげている[6]。

これらの文献から、障害者権利条約における権利概念は、従来のわが国の法制度の権利概念とはかなり異なる性格があり、この異なる性格を十分に理解することは、これからの障害者福祉制度にとって重要であると思われる。

3　障害者権利条約批准へのあゆみ（表1参照）
⑴障害者制度改革推進会議の設置

国連で障害者権利条約が成立後、国は障害者権利条約の基盤づくりとして国内における法制度の整備を優先的に進めて行くことに力点を置いたが、条約批准の工程を明確にできなかった。2009年には、当事者委員が半数以上を占める「障がい者制度改革推進会議」（以下、「推進会議」とする）が内閣府に設置された。推進会議では、障害者権利条約の批准と国内法の整備、障害者基本法の抜本的な改正、障害者差別禁止法、障害者自立支援法に代わる障害者総合福祉法（当時の名称）の制定、などの案件の検討が2010年1月より行われた。障害者権利条約の批准に向けて国内的な環境整備を進めるにあたって、障害者権利条約の条文および規定に国内の法制度が抵触すると解釈される場合は、速やかな見直しが必要であり、障害者権利条約に明確に抵触していない場合でも、この条約の趣旨にそって、法制度を整備していくことが必要であった。

「推進会議」の１次意見書（2010年６月）の内容としては、障害者基本法の抜本的な改正、障害者差別禁止法の制定、「総合福祉法」の制定、などの法改正に加えて、障害者政策関連分野（労働・雇用、教育、所得保障、医療、障害児支援、虐待防止、建築物・交通アクセス、情報アクセス・コミュニケーション、政治参加、司法手続、国際協力など）の法制度に関しての検討にもふれた。この意見書を受けて障害者法制度改革の今後の工程が閣議決定された。

　その後、障害者権利条約の批准に必要な改正障害者基本法の骨子案として「推進会議」の第２次意見書が2010年12月にまとめられた。この中では、社会モデルの考え方を踏まえた障がいの定義の見直し、障害者権利条約における「地域社会で生活する平等の権利」の確認、必要な支援を受けた自己決定に基づく社会参加の権利の確認、手話等の言語の使用およびコミュニケーション手段の利用、の４点が障害者権利条約との関係を考える上で重要な点であった。

　この点に関して、2011年８月に改正成立した障害者基本法では、「障害者」の定義を「身体障害、知的障害、精神障害（発達障害を含む）その他の心身機能の障害（以下「障害」と総称する）があるものであって、障害及び社会的障壁により継続的に日常生活又は社会生活に相当な制限を受ける状態にあるものをいう」とした。「社会的障壁」とは「障害がある者にとって日常生活又は社会生活を営む上で障壁となるような社会における事物、制度、慣行、概念その他一切のものをいう」とした。また、「地域社会で生活する平等の権利」では、「全ての障害者は、可能な限り、どこで誰と生活するかについての選択の機会が保障され、地域社会において他の人々と共生することを妨げられないこと」とした。手話等の言語の使用およびコミュニケーション手段の利用では、「全ての障害者は、可能な限り、言語（手話を含む）その他の意思疎通のための手段につい

障害者権利条約と意思決定支援　　**19**

ての選択の機会が確保されるとともに、情報の取得又は利用のための手段についての選択の機会の拡大が図られること」とした。「障害者権利条約」の中で重視された「合理的配慮」に関しては、「社会的障壁の除去は、それを必要としている障害者が現に存在し、かつ、その実施に伴う負担が過重でないときは、それを怠ることによって前項（差別と権利侵害の禁止規定のことを指す）の規定に違反することがないよう、その実施について必要かつ合理的な配慮がなされなければならない」とした。

　その後、「推進会議」の第2次意見書と改正成立した障害者基本法との間には、第2次意見書にみられる障がい者の積極的な権利保障という観点から内容的にかなりの開きがあるという批判があった。しかし、少なくとも、障害者権利条約を意識したわが国で初めての法律であり、これまでの障害者福祉の基盤を大きく変える可能性を含んでいる点で意義深いものであった。とくに、この改正法で新たに定められ内閣府に設置された「障害者政策委員会」の果たす役割は法施行後の障がい者の権利保障の推進の観点で重要である。

⑵その後の法改正

　障害者の人権保障に関する法律では、2011年6月に「障害者虐待防止法」が成立したことをあげることができる。この法により、障がい者の虐待防止に対して国と自治体の責務が定められ、市町村、都道府県の窓口として、それぞれ「市町村虐待防止センター」、「都道府県障害者権利擁護センター」としての機能を果たすことが義務づけられた。

　「障害者差別解消法」は、差別禁止部会の審議を経て、2012年9月に「『障害を理由とする差別の禁止に関する法制』についての差別禁止部会の意見」がまとめられ、その後の国会の審議を経て2013年6月に成立した。この法律の施行は2016年度からであり、その間に、差別と合理

的配慮の不提供に関しての具体的なガイドラインを作成することとした。

「障害者雇用促進法」の改正は、障害者差別解消法の成立と同じ2013年6月に成立した。この改正法の施行も2016年度からであり、その間に、差別の禁止と合理的配慮の提供義務に関して具体的に検討していくことが求められている。

「精神保健福祉法」の改正は、先の2法と同じく2013年6月に成立した。この法改正のもっとも大きな点は、非常に長い間にわたって精神保健福祉法制度に存続してきた「保護者制度」の廃止である。保護者制度は、家庭裁判所が選任した保護者に対して、精神障がい者に治療を受けさせる義務、財産上の利益を保全する義務、医師に協力する義務があった。この保護者制度に関しては、精神障がい者の意思決定を尊重する観点から人権上問題ではないかという批判があり、その批判に対応する形で廃止となった。

これらの法制度の整備によって、国は障害者権利条約批准の基盤が整ったと判断し、2013年12月の国会での条約批准の承認を得て、2014年1月に国連で条約に批准し、同年2月に国内において正式に条約が発効した。

4　障害者権利条約第12条をめぐって

ここでは、最初に、障害者権利条約第12条の内容に関してふれる。

第12条は5つの項からなっている。このうち、わが国の法律制度に大きな影響を与える条文は、第1項〜第4項の部分であると考える。

第1項は「締結国は、障害者がすべての場所において法律の前に人として認められる権利を有することを再確認する」とあり、これまでの人権に関する国連憲章、規約における障がい者の人権をあらためて確認す

ることを強調している。

　第2項は、「締結国は、障害者が生活のあらゆる側面において他の者との平等を基礎として法的能力を享有することを認める」とあり、ここでは、障がい者も市民としての法的能力を有することを明記している。法的能力とは、法律関係の主体となる能力、言い換えれば、他者と法律上の権利義務関係を発生させるための行為（法律行為）を行う能力であり、これを持っていることを明記している。したがって、この法的能力を欠いているとして、他者が障がい者の代理として法律行為をすることはできないことになる。

　第3項は、「締結国は、障害者がその法的能力の行使に当たって必要とする支援を利用する機会を提供するための適当な措置をとる」とあり、第2項で、障がい者の法的能力があることを示した上で、その法的能力の行使に際しての意思決定支援と合理的配慮の必要性を示している。

　第4項は、「締結国は、法的能力の行使に関連するすべての措置において、濫用を防止するための適当かつ効果的な保障を国際人権法に従って定めることを確保する。当該保障は、法的能力の行使に関連する措置が、障害者の権利、意思及び選考を尊重すること、利益相反を生じさせず、及び不当な影響を及ぼさないこと、障害者の状況に応じ、かつ、適合すること、可能な限り短い期間に適用されること並びに権限のある、独立の、かつ、公平な当局又は司法機関による定期的な審査の対象となることを確保するものとする。（以下、略）」とあり、この項は、成年後見制度のような障がい者の法的能力行使を一定程度制限する措置に関しての慎重な配慮に関して言及している。

　次に、第12条の影響に関して考察する。日本の成年後見制度には、後見人に対して、一定の同意権、取消権を行使できる制限行為能力制度

22　**第1章**　意思決定支援の状況と課題

がある[7]。このことは、障がい者本人以外の他者による代理決定ととらえることができる。ただし、後見人による同意権、取消権をまったくなくしてもよいのか、かえって障がい者本人にとって、たとえ本人の意思であっても不利益が生じないのか、といった懸念は存在する。そのため、同意権、取消権といった制限行為能力制度の範囲を縮小させ、それとあわせて、意思決定支援を強化していくことを推進しいていくことが求められている。

このことに関連して、英国の意思決定能力法（Mental Capacity Act）が着目されている。この法の考え方は、すべての障がい者には判断能力があり、たとえ、判断に関する意思表出が困難な状態があるとしても、その判断を当該の障がい者の最善の利益を推測できる手続を明確化することによって、意思決定支援をすることができるとしている。

◇意思決定支援の課題と今後に向けて

意思決定支援に関して、基本となる考え方、障害者権利条約第12条における考え方、そして、障害者権利条約第12条の影響に関してみてきた。ただし、第12条は法的能力と法律行為を中心とした内容であるため、広い意味での障がい者の意思決定支援はどうあるべきかについてはあまりふれてこなかった。ここでは、法律行為に留まらない幅広い障がい者の意思決定支援に関する課題と今後に向けて考えるべきことについてふれたい。

1　意思決定支援の課題

1990年代の社会福祉基礎構造改革以降、これまでの措置制度に代わるものとして契約制度に基盤を置く改革を実施してきた。ただし、契約

制度を支える主体的で「意思決定」できるサービス利用者像を前提とした制度づくりは、その前提の利用者像が崩れていると、制度はうまく機能しないばかりか、かえって弊害の多いものになる。

とくに、「意思決定」には「自己責任」が伴い、「自己責任」の能力のない人には、「意思決定」は困難であるといった、「意思決定」と「自己責任」とを単純に結びつける議論も多く、このことは非常に危険性があると思われる。そこで、安全で、より望ましい「意思決定」を支える仕組み（システム）をどのようにつくるべきかについて考える必要がある。

具体的な課題としては、意思決定が十分できない場合の権利擁護の仕組み、意思決定の訓練プログラムの開発、理解しやすい情報提供方法の開発、などがあげられる。

意思決定の訓練プログラムは、（主に身体障がい者を中心とした）自立生活センターなどではかなり実施されてきているが、知的障がい者や精神障がい者に対してのプログラムは、実施主体も明確でなく、実践も全国的にそれほど多くはないと思われる。

理解しやすい情報提供方法では、わかりやすい冊子の開発、ビデオなどの媒体の開発などは、すでに、いくつかの自治体や地域で実施されてきている。これらの取組みが今後さらに広まる必要があるが、それに加えて利用者にとってわかりやすく、そこに行けば情報が一通り得られる地域における窓口の整備も必要である。

このような取組みを進めていくにしても、意思決定支援における最大の課題は、障がい者本人の表出している意思と支援者が考えている障がい者本人の利益とが一致しない場合のジレンマである。この点に関して、樽井は、知的障がい者の入所施設における支援者が経験する意思決定支援をめぐるジレンマに関して、施設職員に対してインタビュー調査を実施し整理している[8]。その結果、入所施設における支援の際の意思

24　第1章　意思決定支援の状況と課題

決定支援に関わるジレンマは、「生命・心身の安全と自由の尊重とのジレンマ」「制度的な背景がもたらす影響」「支援者側の意識の問題」「家族に関連する要因」という4つのカテゴリーに分けられている。

① 「生命・心身の安全と自由の尊重とのジレンマ」では、入所者の生命・安全の確保は、支援においては第一に優先させなければならないことであり、その上で、安全への配慮の過剰が、入所者にとって、不自由な生活、管理された生活を生み出してしまう。そのため、樽井は、「どのような場面で」「どのような時に」「どの程度まで」安全確保を重視すべきかの判断の必要性を指摘している。

②「制度的な背景がもたらす影響」では、支援の透明性、説明責任の確保のため、標準的でマニュアル的な支援のあり方が必要になってきている時代において、支援の硬直化、入所への管理性の強化に結果としてつながっていくという課題を指摘している。

③ 「支援者側の意識の問題」では、入所施設の規則的な生活習慣が入所者の個別的なライフスタイルを奪ってしまう問題、その規則は主に支援者の勤務体制のあり方から生じている問題、入所施設という生活文化の中から生じる「習慣化された受動性」の問題といった課題を指摘している。

④ 「家族に関連する要因」では、入所施設から地域生活に移行することへの抵抗感、入所者本人と家族との意識の大きな乖離の問題といった課題を指摘している。

この研究は、入所施設おいて行われたものであるが、指摘している内容に関しては、通所施設、グループホームなど、ほぼすべての障害福祉サービスにあてはまることも多く、法律制度の運用だけでなく、実際の

意思決定支援の課題と今後に向けて　25

支援の現場からみて、意思決定支援をどのように進めていくのか、どのような条件、場面において、何を配慮しないといけないのか、といった実践の蓄積が問われている。

2　意思決定支援ガイドラインをめぐって

　意思決定支援ガイドラインの策定に関する議論は、「意思決定支援の在り方並びに成年後見制度の利用促進の在り方に関する研究」（厚生労働省、平成26年度障害者総合福祉推進事業）において、示された「障害者の意思決定支援ガイドライン」（案）（以下、「ガイドライン」（案）とする）がもとになっている[9]。

　このガイドライン（案）では、意思決定支援の定義を「知的障害者や精神障害者（発達障害者を含む）等で意思決定に困難を抱える障害者が、日常生活や社会生活等に関して自分自身がしたい（と思う）意思が反映された生活を送ることが可能となるように、障害者を支援する者（以下「支援者」と言う）が行う支援の行為及び仕組みをいう」としている。この定義に関して、もう少し具体的で価値観の入った定義としては、「障害者の意思決定支援に関する意見」（日本知的障害者福祉協会）における定義がある[10]。それは「意思決定支援とは、障害者本人の意思が形成されるために、理解できる形での情報提供と経験や体験の機会の提供による『意思形成支援』、および言葉のみならずさまざまな形で表出される意思を汲み取る『意思表出支援』を前提に、生活のあらゆる場面で本人の意思が最大限に反映された選択を支援することにより、保護の客体から権利の主体へと生き方の転換を図るための支援である」とし、意思決定支援を、「意思形成支援」と「意思表出支援」に分けてとらえている点が特徴的である。

　ガイドライン（案）では、意思決定の基本原則を先にふれた英国の意

26　第1章　意思決定支援の状況と課題

思決定能力法（Mental Capacity Act）の5原則を参考にしながら検討を加えている。ここではガイドライン（案）として検討した部分に関して示す。

- すべての障害者は意思決定を行う能力があることを出発点として支援を開始すべきであり、安易に意思決定がないと判断する支援者の決めつけを戒めるものである。
- 意思決定支援に当たっては、エンパワメントの観点から、本人が自分自身で決定できるよう可能な限りあらゆる支援を行うことが重要であり、また、あらゆる可能性を追求したという証拠が必要となる。
- 客観的には不合理とみえる意思決定を行った場合においても、そのことをもって意思決定能力がないとみなされてはならない。本人の意思決定を尊重する姿勢が重要であり、愚行権（他人からみて愚かな行為でも、他人に迷惑をかけなければ、自由にできる権利）についても保障していく視点が必要になる。
- 本人が自分自身で決定できるよう可能な限りのあらゆる支援を行っても本人が決定することが困難な事案については、代行による決定となる。その際、本人の最善の利益に適うように行わなければならないし、関与は最小限のものに限定する必要がある。
- 代行により意思決定を支援していく場合には、必要最小限の介入を原則として、本人にとって自由の制限がもっとも少ない環境を考慮して支援することになる。

出所：日本発達障害連盟「厚生労働省平成26年度障害総合福祉推進事業　意思決定支援の在り方並びに成年後見制度の利用促進の在り方に関する研究」（2015年）、31-32頁

　この原則の中で、代行決定にあたって重視している「最善の利益」に

関しては、ガイドライン（案）は次のように判断基準を示している。

- 事案に関して、複数の決定によるメリットとデメリットを可能な限りあげて相互に比較検討する。
- 事案の決定について、どちらか一方ではなく二つを融合して一つ高い段階で決定を図っていく。
- 障害者本人にとって、自由の制限のより少ない方法を選択する。

出所（一部改変）：日本発達障害連盟「厚生労働省平成26年度障害総合福祉推進事業　意思決定支援の在り方並びに成年後見制度の利用促進の在り方に関する研究」（2015年）、34頁

　以下、ガイドライン（案）は、各論において、意思決定支援の仕組みにふれており、意思決定支援責任者の配置、意思決定支援計画の作成に関しても言及している。

　ただし、これらの具体的な仕組みは、現行のサービス管理責任者や相談支援専門員の業務とも重なることが多く、ガイドライン（案）で指摘されている基本原則、考え方、研修のあり方等は、今後のサービス管理責任者研修、相談支援専門員の研修においても十分考慮しなければならない。

3　「最善の利益」と支援について

　これまでみてきたように、障害者権利条約第12条において、他者による代行決定は原則認めないということに関して、現実には、非常にむずかしいのではないかという声はかなり多い。そのため、一定程度の代行決定は認めざるえないこととその場合の指針になる「最善の利益」という考え方にはかなりの関心を集めてきた。

　この「最善の利益」にも否定的な見解を示し、障害者権利条約第12条

の完全履行を可能にするために、近年、南オーストラリア州の「支援付き意思決定」（Supported Decision-Making）（以下、「SDM」とする）への注目が高まっている。

　水島によれば、SDMに関わるチームメンバーの位置は、徹底して、他者による「最善の利益」ではなく、本人の言葉による「表出された希望」に置いている[11]。つまり、SDMの基本姿勢は、「最善の利益」は、「最善の利益」という名のもとで、障がい者本人の決定・行為に関する介入であると考える点である。支援者は「最善の利益」を考えているつもりではあるが、障がい者本人との考え方が異なる場合や危険が予見できる場合は、注意義務、安全に関する配慮などをして、本人の意思決定に干渉することになりがちである。これに対して、SDMでは、あくまで障がい者本人の表出された希望にそって、カンファレンス（必要なサービスを調整・検討する会議）、チームメンバーの形成を行っていく。SDMのチームは、障がい者本人が「意思決定者」として中心に置かれ、支援者はチームメンバーとして位置づけられる。チームメンバーは、以下の7種類の立場によって構成されている。

　①トレーナー（SDMのファシリテーター研修生への助言、指導）、②ファシリテーター研修生（サービス事業所に所属する職員などで、今後のファシリテーターの希望者、定期ミーティングの参加者を集めたり各人の発言を促したりする役）、③意思決定者（障がい者本人）、④サポーター（意思決定者自身が選んだ支援者、本人の意思を実現するために協力する）、⑤インフォーマルな支援者（友人、家族、ボランティアなど本人にとって身近な存在者）、⑥サービス提供者、⑦地域の関係者（近所の人、自治会のメンバーなど）

SDMは４つの段階を経て実施されている。

①意思決定者とサポーターの選定、②意思決定者、サポーター、ファシリテーター研修生の間での合意文書の作成、③意思決定者を中心とした意思決定支援チームの形成とカンファレンスの実施、④継続可能性の確認と終結

合意文書は、意思決定者が、ファシリテーター研修生とサポーターとの間で、自分自身が意思決定する上で支援が必要と考える内容とその提供方法について取り交わす合意文書である。トレーナーやファシリテーター研修生は、カンファレンスの運営をサポーターに引き継ぎメンバーから外れることで終結する。

この取組みは、意思決定支援に関してかなり丁寧で、関係者数（１チームあたり平均17名程度）もかなり多い取組みであり、日本への実践応用が可能なのか懸念はあるが、このような努力を払わない限り、代行決定を回避した形での意思決定支援はむずかしいことも意味している。

すでにふれたように、このようなSDMの取組みを進めていくにしても、意思決定支援における課題として、障がい者本人の表出している意思と支援者が考えている障がい者本人の利益とが一致しない場合のジレンマは解消していないため、障がい者本人の意思決定と支援とのバランス問題に関して、さまざまな実践で知見を蓄積し、その上で、一定の指針を示していく必要がある。

この本は、成年後見制度に焦点をあてているが、それぞれ記載されている事例は、ここでふれた多くの論点を含んでおり、今後の実践知の指針として活用を期待したい。

1 柴田洋弥・尾添和子『知的障害をもつ人の自己決定を支える——スウェーデン・ノーマライゼーションのあゆみ』大揚社、pp.84-90、1992年

2 障がい者制度改革推進会議総合福祉部会「障害者総合福祉法の骨格に関する総合福祉部会の提言——新法の制定を目指して」厚生労働省、2011年

3 川島聡・東俊裕「障害者の権利条約の成立」長瀬修・東俊裕・川島聡編『障害者の権利条約と日本——概要と展望』生活書院、pp.11-34、2008年

4 東俊裕「障害に基づく差別の禁止」長瀬修・東俊裕・川島聡編『障害者の権利条約と日本——概要と展望』生活書院、pp.35-72、2008年

5 阿部浩己「権利義務の構造」松井亮輔・川島聡編『概説 障害者権利条約』法律文化社、pp.49-62、2010年

6 藤井克徳「障害者の参加」松井亮輔・川島聡編『概説 障害者権利条約』法律文化社、pp.16-31、2010年

7 青木佳史「法的能力と成年後見制度の改革課題」『発達障害研究32巻第5号』pp.436-448、2010年

8 樽井康彦・与那嶺司：知的障害者入所施設の支援者が経験する自己決定支援を巡る価値とジレンマ——知的障害者入所施設のソーシャルワーク実践者へのインタビュー調査をもとに、「ジレンマ状況におけるソーシャルワーク実践の価値生成に関する実証的研究」研究報告書（科学研究費補助金基盤研究B〔研究代表者：鳥海直美〕）、pp.8-38、2014年

9 日本発達障害連盟、厚生労働省平成26年度障害総合福祉推進事業「意思決定支援の在り方並びに成年後見制度の利用促進の在り方に関する研究」pp.25-46、2015年

10 日本知的障害者福祉協会「障害者の意思決定支援に関する意見」社会保障審議会障害者部会資料、2015年9月8日

11 水島俊彦：オーストラリアのSDM実践について、「ケアマネジメントにおける意思決定支援プログラム開発と評価に関する研究（第1報）」報告書（科学研究費補助金基盤研究B〔研究代表者：小澤温〕）、pp.13-22、2016年

第2章

知的・発達障がいについての基礎知識

平野光男＋田中真由美
（川崎市障がい者相談支援専門員協会）

第**2**章

知的・発達障がいについての基礎知識

平野光男＋田中真由美（川崎市障がい者相談支援専門員協会）

◇知的障がい・発達障がいへの理解

1　知的障がいへの理解

　知的障害者福祉法等の法律に知的障がいの定義はない。医療・教育・福祉の各分野でその定義と分類は少しづつ異なっており、共通する事項を整理すると次のようになる。

　知的障がいとは、認知や言語等に関わる知的能力や他人との意思の交換、日常生活や社会生活・安全・仕事・余暇利用等についての適応能力が同年齢の人に求められるまでには至っておらず、特別な支援や配慮が必要な状態を指す。胎児期、出生時および出生後の比較的早期から18歳以下に起きる。何らかの原因により脳の発達全般において遅れが生じている状態である。それは読み書き・計算能力、記銘・記憶能力、認知能力、適応能力等の障がいにより、生活や学習面であらわれる知的な働きや発達が、同年齢の人の平均と比べてゆっくりであることを指している。知的障がいの状態は環境的・社会的条件等で変わりうる可能性があり、発達上の遅れまたは障がいの状態はある程度持続するが、絶対的に不変で固定的ということではない。ゆっくりと丁寧に学ぶことによって、できるようになることもたくさんある。したがって、その時点での本人の機能的制約と環境からの要請や得られる支援との動的な関係によって、相対的に捉える必要がある。療育や教育的配慮等を含む広義の

環境条件を整備することによって、状態がある程度改善されたり、知的発達の遅れがあまり目立たなくなったりする場合もありうる。つまり、個体そのものの条件だけでなく、環境的・社会的条件等との関係でその障がいの状態が変わりうる場合があり、これは障害者権利条約や障害者基本法に記載されている「障害とは個人の機能上の障害と社会の環境との関係から、社会参加を妨げる障壁のことをも含むもの」を示す一例と言える。知的障がいのある人には注意・感覚・知覚・記憶・抽象的な思考・推論の発達に遅れや偏りがあり、複雑な考えを理解すること、計画を立てて問題を解決すること、適切な判断をすることに困難さがある。以下に学習上の特性をあげる。

◆　物事を学習するのに時間がかかる。
◆　学習によって得た知識や技能が断片的になりやすく、実際の生活の場で応用されにくい。

　また、言葉の発達も遅れがちなので、コミュニケーション能力も限定的にならざるをえず、相手の考えや気持ちを理解したり、自分の心情や考えを適切に伝えることが不得手である。一方で、知的障がいに関連する特定のパーソナリティーや行動特徴はない。受動的で穏やか、依存的な人もいれば、攻撃的、衝動的な人もいる。総じて知的障がいのある人は知的機能の制約のために失敗経験が多くなり、そのために不安傾向が高まったり、自分に自信が持てなくなって、自尊心や学習意欲が低下してしまいがちである。成長過程のさまざまな生活場面において「できない」という経験を数多く体験せざるをえず、そのために自信が芽生えにくい傾向がある。また、周囲の関係者や支援者等からは年齢相応ではなく、子どもに話しかけるような対応をされることが多く、成人後も経験の積み重ねによる自信がついていない場合が多い。日常生活の中での具

知的障がい・発達障がいへの理解　　**35**

体的な経験を通じて新たな能力を獲得し、できることが増えることで自信がついてきて、大きな成長を見せる場合もある。誰しも自信がつく・失われた自信が回復することは、希望・意欲・積極性につながる。これまで述べてきたことを整理すると、知的障がいの特性は「障がいに直接に関連する一次的特性」と「周囲の人間の関わりや対応および環境に起因する二次的特性」に大別できる。

◆　一次的特性：認知の不正確さ／精神構造の堅さ／記憶の不安定さ／見通しの欠如／事物の抽象化、一般化が困難／コミュニケーションの障害／健康上の問題

◆　二次的特性：自己認知の不適切さ／情緒的な不安定さ／人権侵害されやすい

2　発達障がいへの理解

　2005年に「発達障害者支援法」が施行された。それまでわが国の法律では障害者とは、身体障害者・知的障害者・精神障害者と定められてきた。この法律により、それまで対象とはならなかった発達障がいのある人に対する支援が公的に始まった。同法では発達障がいを「自閉症、アスペルガー症候群その他の広汎性発達障害、学習障害、注意欠陥多動性障害その他これに類する脳機能の障害であって、その症状が通常低年齢において発現するものとして政令で定めるもの」とし、「発達障害を有するために日常生活または社会生活に制限を受ける者」と定義している。そして「発達障害を早期に発見し、発達支援を行なうことを国及び地方公共団体の責務」としている。学術的には「発達障害」とは知的障がいはもとより、広義には脳性麻痺等の発達期に生じる他の中枢神経系の障がいをも含む包括的な概念である。同法では行政政策上、本来は広範囲な障害概念である発達障害の一部を法令上の発達障害と規定してい

ることに留意する必要がある。公益社団法人日本発達障害連盟は発達障害の定義を、「知的障害を含む包括的概念であり、人間が生まれてから成長・発達していく過程において何らかの原因によって、その発達過程が阻害され、運動、行動、認知、知能、言語など様々な機能に障害が起こること」としている。

⑴自閉症スペクトラム

DSM- 5 （米国精神医学会診断基準2013年版）では「広汎性発達障害（PDD: Pervasive Developmental Disorder)」と表してきた概念を「自閉症スペクトラム（ASD: Autism Spectrum Disorder)」という自閉性の連続体(スペクトラム)を仮定した診断名に変えた。スペクトラムは、「連続している」「連続体」といった意味をもつが、多様性と考えた方が状態を理解しやすい。自閉症には重症から軽症まであり、知的に障がいがある場合もあれば知的レベルの高い人もいて、その現れ方はさまざまである。ただし、その共通要素は以下 A 〜 D に整理できる。

《DSM-5における自閉症スペクトラムの共通要素》

A ：社会的コミュニケーションおよび対人的相互反応における持続的な障害。

B ：行動・興味・活動の限定された反復的な儀式。

C ：症状は発達早期の段階に存在しなければならない。

D ：症状は社会的・職業的その他の重要な領域における機能に障害を引き起こしている。

自閉症スペクトラムは生まれつきの障がいであり、それが持続する中で、生活をおくる上での支障をきたしている状態である。

知的障がい・発達障がいへの理解　37

支援の基本は、本人がどのようにまわりの世界を見て、どう理解し、行動しているのかを支援者ができるだけ正確に把握することである。その上で、聴覚情報より視覚情報の認知が得意な人が多いという特性に配慮して、話し言葉に頼りすぎず、絵カード・写真や身振り等の視覚的手がかりを活用しながら、コミュニケーションを取る工夫をしていく。そして、本人が自分を取り巻く環境をどのように認知し、理解しているのか、その認知特性に合わせて空間や時間の意味を以下のようにわかりやすく提示することである。

◆　場所と活動内容が1対1対応になるように衝立や棚等で空間の意味をわかりやすく伝える。

◆　時間という目には見えない概念を視覚的に目に見える形にして時間の流れを示す。具体物・写真・絵・シンボル・文字等を時間の推移に合わせて上→下または右→左等に並べることで視覚的にわかりやすく提示する。

◆　自力で作業や活動に取り組めるように、何を、どのように、どれだけの量を、いつから、いつまで行なうのか、終わったら次に何をするのかといった手順を目で見てわかるように伝える。

　また、人は対人関係に必要なノウハウや暗黙のルールを、子どもの頃からそれほど意識せずに身につけていく。しかし自閉症スペクトラムの人は、そのようなルールやスキルを自然に学習することに困難が伴う。それにより、いじめにあったり、不登校・抑うつ等の社会適応が困難な状態にもなりうる。そこでさまざまな対人場面における適切な行動を、一つひとつ具体的に学んでいく機会が必要となる。通常は直感的に気づくようなルールも、本人には教えられて初めてわかることがある。そのような事柄を一つづつ丁寧に伝えていくことが大切である。

38　　第2章　　知的・発達障がいについての基礎知識

⑵学習障害（Learning Disorders）

　知的障がいも学習障害も発達上のつまずきである。しかし、知的障がいは発達の多くの面で同年齢の人と比べて遅れがあるのに比して、学習障害は発達の全体ではなく、特定の部分に限られる。具体的には、聞く・話す・読む・書く・計算するまたは推論する能力のうち、特定のものの習得と使用に著しい困難を示す状態を指す。その原因として、中枢神経系に何らかの機能障害があると推定されるが、視覚・聴覚・知的・情緒等の障害や環境的な要因が直接の原因となるものではない。学習障害の支援は教育的対応が主であり、特定の基礎的能力の困難に起因する教科学習の遅れを補う支援が中心となる。しかしそれは、決して読み書き等の支援をしさえすればよいということではない。本人が達成感の得られる成功体験をできるだけ多く積むことで、内発的な動機づけを高め、自尊心を育てられるように支援することが重要である。学習障害のある人は物事を学べないわけではない。学び方が人とは違うということである。自分に合った学び方について自己理解を深め、また、周囲の人からも理解を得る中で、人生を生き生きと自信を持って前向きに生きていけるように支援していくことが大切である。

⑶注意欠陥／多動性障害（ADHD: Attention-Deficit／Hyperactivity Disorder）

　注意欠陥／多動性障害とは、その程度が不適応的で発達の水準に相応しない不注意・多動性・衝動性によって特徴づけられる障がいである。その特徴のいくつかが7歳以前から少なくとも6カ月間持続したことがあり、そのために学校・職場・家庭等の2つ以上の状況で、社会的不適応が生じている状態である。不注意とは、注意の集中や持続の困難によ

る集中時間の短さ、注意の配分の悪さ、周囲の刺激によって容易に注意がそれやすいことをいう。多動とは、じっとしていられない状態のことをいう。座っているべき状態で立ち歩く、座ってはいるが身体を動かす、しゃべりすぎ等が含まれる。衝動性とは、結果を考えずに行動すること、後先を考えない言動のことをいう。また、気持ちが持続せず、今泣いていたのに次の瞬間に笑っており、「今泣いたカラスがもう笑う」状態を示すことがある。症状のうちで幼少期に目立つ移動性の多動は、小学校の高学年頃までにはおさまる場合もある。しかし、不注意の症状は成人になっても持続することがある。たとえば、同時に2つのことができない（電話をかけながらメモを取る等）、仕事の段取りや優先順位がつけられない、時間やスケジュールの管理ができない（遅刻をしたり、仕事の約束を守れない）等により仕事が長続きせずに頻繁に転職する、また家庭生活においても掃除や片付け等の家事ができない等々であったりする。注意欠陥／多動性障害があることにより、学校での勉強や集団での活動がなかなかうまくいかず、トラブルが絶えない場合、幼い頃から注意や叱責を受けることが多くなり、逆にほめられる経験は少なくなる。年齢を経るにつれて自信を失い、劣等感や疎外感等が芽生え、自己イメージが貧困で否定的になりがちになる。結果として自尊心が低下する、もしくは自尊心が培えにくくなる。すなわち自分が人の役に立てる、人に認められる価値のある存在だという気持ちが育てられなくなる。一方で反発心や反抗心が増幅することもある。この気持ちが外へ向かうと自暴自棄になって破壊的行動につながりやすく、内に向かうと不安や抑うつをまねきやすい。知的障がいの節でふれたように、このような二次的な心理的問題は、障がいのある人の社会適応をいっそう困難なものにする。

　その特性も見方を変えれば長所となる。たとえば、多動性や衝動性は

気軽に動いてくれて活動性に富む、エネルギッシュ、即断即決で起動力・行動力があるともとらえられる。このように発達障がいの症状を本人の望ましい特性と受けとめ、認め、伸ばすには接する周囲の支援者の、障がいに対する正しい理解と心のゆとりが必要である。

◇ 知的障がい・発達障がい者のライフステージ

　知的障がい・発達障がい者の支援は児童や高齢者のように期間限定ではなく、先天的あるいは発達期に発現することから生涯に渡る継続的な視点が求められる。本人のQOL（生活の質）の向上を継続的に図るためには、青年期〜壮年期〜高齢期の各ライフステージにおける課題を確実に捉えると同時に、一貫性のある支援、という視点が求められる。さらに各ライフステージ間の円滑な移行を見通して、保健・医療、福祉、教育、雇用・就労等の各領域の提供する支援をマネジメントし、ネットワーク形成を土台に支援を継続する視点が求められる。また、とくに知的障がいのある人は保護者に守られながら育成され、親亡き後は主に親族が日々の支援を引き継ぎ、それも困難となったら入所施設に入るのが当然、と見られていた時代が長く続いてきた。しかし、2014年に日本が批准した障害者権利条約の目的の第一が、「障害のある—なしに関わらず、すべての人が地域で共に生活する」、いわゆるインクルージョンであるように、知的障がいのある人の支援は今や入所施設ではなく地域での生活が今日の潮流となっている。現在、成年後見制度も含むさまざまな関係機関の支援やサービスを駆使して、本人の日常生活を支える実践が全国各地で積極的に取り組まれている。

《事例から》

　ダウン症の母である筆者が、わが子と歩んだ人生から、知的障がいの
ある人のライフステージにおける意思決定支援について概観する。本人
は生後～現在まで同じ地域で両親と3人暮らしを継続中の20歳代後半
の青年である。

(1)出生～幼児期

　私がその障がいを知ったのは未熟児で生まれた息子を病院に残し、帰
宅した日であった。息子は出生後すぐに障がいが疑われ、私と息子が入
院中に医師から夫へとその可能性が告げられた。病院側の配慮で、父親
も育児参加ができるようにと看護師が沐浴練習をさせてくれ、障がい児
を育てた先輩ママの手記も渡してくれた。だが、私には手記を読んでも
今一つピンとこず、また、今のようにインターネットで何でも情報入手
できる時代ではなかったため、育児雑誌や医学事典で探すくらいしかで
きず、その古く少ない情報を繰り返し読む中で暗い気分になった。子育
て経験のない私にとっては障がいとは何か以前に、子育て自体が初めて
で他と比較しようもなく、不安ながらもありのままのわが子を受け入れ
ること以外はなかった。息子は筋力も哺乳力も弱く、長時間かけて与え
たミルクをもどしてしまうことも多かった。寝不足で疲れ、その頃の私
は将来のことよりも目の前のことで精いっぱいであった。私は当時、「私
の人生はこれで終わった。もう何も楽しめることなどない。親戚にどう
言って説明しようか？　友達には会いたくないし、もうきっと会えない
だろう……」と思っていた。障がい児の親というだけで、自分が世間か
ら遠のいていくような孤立感を感じていた。

　我が家に保健師が訪ねて来てくれたのは、ちょうどその頃だった。会
話内容はよく覚えていないが、ただただ安心した。転居したばかりで地

域には知人がおらず、いたとしても誰にも会いたくない状態の私にとって、保健師は唯一地域につながる存在であった。

　幸い息子は心臓病などの合併症はなかったが、医師より「筋力が弱く、発育が遅れる」と説明を受けていたため、「親としてできるだけのことをしてあげなければ」との思いに駆られていた。早期療育の情報を必死で集めた。当時は療育センターにも早く通わせてあげたいと思い、担当ケースワーカーに療育センターの見学を催促した。しかし感染しやすいため、1歳までは自宅で過ごす方が良いと言われた。私は何もしてあげられない状態に焦りを感じ、関連の本をいろいろ探してはさまざまな療法を試し、多様な療育機関にも0歳から通い、市の療育センターにも生後7カ月くらいから通い始めていた。音楽療法や運動療法、摂食指導等、あちこちさまざまな訓練に通い続けた。それによって息子がどう変わったかは正直よくわからない。同じような障がい児をもつ親と話ができたことは良かったが、その反面、発達を比較して落ち込むこともあった。その当時はあちこちの地域へと親子で放浪し、結果、話し相手も増え、情報も増えたが、日々、何かに追われているようであった。地域でもっと知り合いが欲しいと思うようになり、こども文化センター（児童館）の子育てサークルにも参加したが、子どもの発育が悪く、会場にたどり着く頃には息子は眠ってしまっており、みんなと一緒に遊ぶことすらままならず、親一人で何をしたら良いのか、とても居心地が悪くなってしまった。それでも、地域で知り合いを増やしていかなければとの思いに駆られ、市民館の保育付き講座（乳幼児学級）に参加した。障がい児だというと受け入れてもらえないのではないかと思い、講座初日に保育サークルの方に子の障がいを伝えた。先方はおそらく大変驚かれたことと思うが、そのまま受け入れてくださり、ようやく地域デビューを果たせたような気がした。この講座をきっかけに、地域のさまざまな情報

知的障がい・発達障がい者のライフステージ　　**43**

を入手し、幼稚園を探し回った。当時、私は仕事をしていなかったため、年少からの保育園入所は難しかったし、年中児でも厳しいと療育センターからは言われていた。幸い、２駅先の幼稚園で仮登園からスタートという条件付で受け入れのチャンスを得た。仮登園中に子どもたちの間でいろいろなドラマがあった。体が小さく、語彙の少ない息子に、幼稚園の子どもたちは予想通り興味深々だった。みんなであれこれ話しかけてみたり、体が大きく運動が得意な子が息子を小突いてみたり……。すると息子は「わ～！」と大声で泣き出し、彼はビックリして慌てふためき、最後は「ゴメンネ」と優しく謝るのだった。何がどうしたのか、それ以降、その彼が息子のボディガードとなり、息子を守り、かばってくれるようになった。

　息子はまだ10歩くらいしか歩けないが、見学だけでもさせてほしいと交渉して足を運んだ幼稚園見学（２歳半）から半年後、息子は仮登園という形で年少から幼稚園生活をスタートさせた。重度知的障がい児受け入れの前例がないことへの園の不安は徐々に解消され、二学期より正式入園が許可された。そして年長になった頃、私は「就学猶予」を就学時期選択の手段とした。総合教育センターからは前例がないと言われるも、最終的には同じ幼稚園に残り、もう１年、年長クラスで過ごすこととなった。こうして就学の時期を1年後よりスタートさせたことにより、当然ながら全体が1年ずつずれていったが、今振り返っても、何の支障もなかったように思う。むしろ、友達を意識するようになり、関わりが増え始めた時期に、教科別の学習を中心とした学校教育ではなく、遊びを主体とした幼稚園という生活の場で過ごせたことは、息子にとってはプラスであったと今でも感じている。

　ここまでは、息子の希望、意見というよりも保護者である私の意見を通してきたことになる。

⑵学齢期

　小学校入学前の就学時健診は、息子に就学猶予をさせたため2年連続で受けた。親としては子の障がいを認めつつも、どのような配慮が必要なのか等、学校側と事前に話し合うことは大切だと考えていたが、学校側は障害児学級（今の特別支援学級）の方が子どものためと何度も勧めてきた。「3年生くらいになって障害児学級に移らせる親もいるが、それでは可哀想、障害児学級に入れるなら最初からの方がお子さんのため」との学校側からの理由に納得がいかず、「ひとまず普通学級からスタートさせてみて、何か支障があったら話し合わせてください、その上で障害児学級に籍を移すことがベストとなれば、その時にあらためて考えたい」と伝え、結果的には小学校6年間、籍を変えることはなかった。

　もちろん、6年間の小学校生活ではさまざまな出来事があった。その多くが、時間と安全面での課題であった。息子は移動や取りかかりに時間を要することが多く、「イヤ」と拒否をして固まったり、座り込むことが多々あった。このような時には学校から「下校時刻になっても帰らないのでお母さん、お迎えに来てください」「遠足の際は途中で歩かなくなると困るのでお母さんがついて来てください」等の連絡が入った。親としては必要なことであれば協力はするつもりだったが、親が関わることで周りの子どもたちとの関係が持ちにくくなるのではないかとの思いや、親でないと解決は難しいのだろうかとの疑問を抱きつつ、後方より遠巻きについて行き、必要になったら中に入るというスタンスで子を見守った。本人が動かなくなってしまった状況をどう解釈することが、本人の意思を正しく理解したことになるのだろうか？　動かない等拒否的な行為と見受けられるそのような行為は、参加したくない、辛い、無理なことを強いられているといった表れなので参加させること自体に無

理があるのか？　そもそも重度の知的障がいをもつ子どもを普通学級へ入れる親が間違っているのか？　私は最初から無理と諦めるのではなく、リスク管理の視点に立ち、見通しをもった事前準備（課題発生時の対応方法等）が必要だと考えている。その上で、課題が生じた時は事実経過をもとに、課題解決を模索していく。そういった取組みの連続性の中で、本人も周りも納得感が得られていくのではないか。周囲から、支援環境（先生や生徒の数、学習内容等）の整っていない中に障がい児を入れるなんて子どもが可哀想、と言われたこともあった。言葉にしなくとも、未経験、未知識の事象について誰しも不安や懸念を感じるのはやむをえず、「なぜ」の疑問解消のチャンスがなければ、個々の想像力の範囲内でしか考えつかないこともたくさんあると私は感じている。

　障がいをもつ息子や家族に対して気になることをストレートに尋ねることに何の違和感も遠慮もなくできていた幼稚園や小学校の同級生も多くいたが、それらはわかり合うチャンスにつながり、私にとってはとてもありがたかった。しかし年齢を重ねるにつれ、疑問や違和感が間接的な形（学校に匿名の手紙が届く、無視等）となって表れ、話し合いによる解決のチャンスが得られないこともあった。私の学齢期に身体障害の同級生がおり、エレベーターもない不便な環境で、必要な時だけ特定の友人に手伝ってもらいながら学校生活を送っていたその姿に「何でそこまでして？」と、正直、私は複雑な思いでいた。しかし、その人は自分の意思を自分の言葉や文章で伝えることができ、成績も常に上位であり、皆もその努力と実力に一目置いていた。それに対し、息子のような重度の知的障がい児が普通学級の中で授業理解はもとより、自分の思いを伝えたり要望したりすることはなかなか難しい。義務教育における学校生活とは、一体何を学ぶ場なのだろうか？　「みんなちがってみんないい」とは言うけれど、本当にそうなのだろうかと感じることもあった

が、そのような時も、「そこに存在している」ことの凄さを感じることも多々あった。たとえば、障害児学級に在籍している生徒が普通学級で交流の時間を持つ場合、先生や生徒の人数によっては、先生は他の生徒も見なければならず、交流に行けるのは時間内に自分で行って帰って来られる生徒と限定されることがある。教科によっては学力的に理解が難しいと判断される場合には交流の機会は得られにくく、本人の希望や興味を優先させるよりは、図工や音楽、体育、給食など比較的無難に参加できる教科が交流の中心となることが多かった。息子の場合、できないことや理解が難しいことはたくさんあったが、普通学級に在籍していたため参加の仕方や、参加度、参加状況はともかくとして、クラスの皆といろいろな経験ができた。クラスの仲間と共に体験することは、そこでお互いを知るチャンスにもつながる。インクルージョンとはこういったイメージなのだろうか？

　今振り返ると、やはり学齢期でも母親の思いが前面に出ている。しかし、親子で生まれ育った地域での生活を強く意識して選択した生活は正しいものと思っている。

⑶卒後〜現在──誰が本人の意思決定支援を担うのか

　本章でも触れているように、不適切な支援や配慮不足による二次障がいという言葉を聞く。学校卒業後、本人の希望ではない施設に通い、不適応を生じる場合がある。障害者雇用の場でひたすら叱咤激励を受け、うつ傾向を示した人や、環境整備が不十分で多動傾向が増した自閉症の人もいる。

　しかし、だからと言って本人と共に過ごす機会をもつ前から本人に対する理解や環境調整を十分に整えて臨むのは難しい。むしろ生活を通してお互いを知ることで、困難はいろいろあるが課題も明確になり、その

知的障がい・発達障がい者のライフステージ　　**47**

課題解決に向き合い、考え合う機会があることでお互いの理解や信頼関係が深まっていくのではないだろうか？　親も同級生も専門家ではない。理論はわからなくても、日々共に生活をしていく中で、お互いに慣れていき折り合いをつけているのではないか。学校の仲間や就労先、福祉施設など共に過ごす仲間との日々の生活を通した出会いや関係性の中で、いろいろな出来事があり、うまくいかないことも当然出てくる。しかし、大切なことは当事者が言葉で何かを訴えることが困難であったとしても、関係性の中で本人の意思を推し量っていくことはできるということだ。

　障がいのある人の「権利擁護」を担っていく中心はいったい誰なのだろうか？　親？　先生？　施設職員？　相談支援専門員？　成年後見人等？　誰が中心であっても良いが親の場合は、子の幸せを願うあまり視野が狭くなり、わが子やわが子の置かれた状況を客観視しにくいという課題を感じる。親は時として、子を自分の所有物のような感覚で扱ってしまったり、本人の意向を無視したり、本人の意向を推し量ることは無理と最初から諦めてしまっていることもある。

　しかし、だからと言って親は子の支援者になり得ないのであろうか？
　私はそうは思わない。権利擁護の視点から本人を支援していく相談支援専門員や成年後見人等と共に、親もサービス担当者会議や個別ケア会議などの話し合いの場に参加することは、徐々にわが子の将来を客観視する視点が身についていくことにつながるのではないか。「親は子が成人した以降は口を出すべきではない」とするのではなく、むしろ今後は、子育てをする中で生活者としてのわが子をずっと見てきた者として、「一人の支援者」として共に考えるサポーターととらえてみてはどうだろうか？　近年では、親が成年後見人等に専任されることが少なくなり、専門職後見人等が増えている。そのようなことから成年後見人等の

48　第2章　知的・発達障がいについての基礎知識

利用に消極的になっている親の現状もあるという。このような状況であればなおのこと、親も「一人のサポーター」として関わっていく意義はあると考える。障がいの有無に関わらず、親にとって子はいくつになっても子であり、互いの距離や関係性を客観視しにくいこともあり、わが子のことを一番よく知っているとの思いになりがちである。時には不慣れな支援者に対し、不満に感じることもあるかもしれない。それでも、親が子のサポーターとして関わっていくことは決して悪いことではないのではないか、と私は経験的に感じてきた。

　息子が生まれてからこの間、福祉サービスを利用する際、共通して感じることがある。それは「福祉サービスの提供時間内に支援が終了しなかった時の対策が不十分で、その解決が家族に求められる」ということ。「どうにも動いてくれません、どうにも言うことを聞いてくれません、お迎えに来てください、親御さん、何とかしてください」と施設職員から連絡を受けて来た。私が対応できない時や、親亡き後はどうなるのだろうか。「ここはなんとか福祉サービスの事業所等で諦めずにもう少し向き合って欲しい」と感じる。遅かれ早かれ、いつかその時は来てしまうのだから支援を引き受けたからには、親がいないものとして対応策を諦めずに考えていただき、親に振るのは最後の手段にできないだろうかと感じる。そこで、場合によっては親も本人の権利擁護を共に考え合うメンバーとして、自身のこれまでの経験を支援者と共有し、今後に生かしてゆくことができれば、と私は考えるようになった。

◇知的・発達障がい者の地域生活における意思決定支援

　本人の年齢も若く、社会的自立に向かっていく場合、たとえば金銭管理や各種の契約行為等、日々の生活の中で支援が必要なことが必ずあ

る。そのような場面に備え、成年後見人等も含めた信頼できる支援者に
その都度、相談をする大切さを本人や家族に説明していくことは重要で
ある。一方で、本章で触れたダウン症の成年の事例には、「会話による
意思疎通が難しい人ほど、本人が経験してみることが大切である」との
メッセージが込められている。チャレンジするチャンスとしての情報を
入手し、リスク管理や健康管理に最大限配慮するのが支援者の務めでも
ある。本人に写真を見せる、事前体験するなどにより情報を提供しつ
つ、その時々の本人の反応を見ながら、「NO」の意思表示がなければ、
これまでの本人の生活を参考にしつつ、「まずはやってみて考える」と
の発想も大切である。その際の支援の基本は本人の興味や関心を考慮に
入れ、その実態に合った活動をスモールステップで繰り返し、ゆっくり
と進めていくことが大切である。本人の意欲や今、できることを大切に
し、必要以上の支援をしないこともまた重要である。そしてその後は、
定期的に関係者間で話し合いの場をもち、事実状況の把握に努め、課題
があればその解決に向けてさらに取り組むことである。その際には、本
人や成年後見人等もそのメンバーに入るのが前提となる。

　さまざまな経験をしていく中で、権利が侵害され、それが最も深刻な
ハンディキャップとなることがある。不当な対応に直面した時、自分が
どのような状況に置かれ、どのように自己主張して正当に自分を守るの
か等々についての理解には大変な困難が伴うことがる。これはあらゆる
年齢層や生活場面で生じる危険があり、それゆえ周囲の支援者や後見人
等には、高い倫理観と権利擁護意識が求められる。そして虐待等の危機
介入手法やその後の専門的ケアが求められる事例では、やはり本人の特
性や意思決定支援に専門的な知識と経験を持つ支援者の存在が必要であ
る。『共に考え合い、支え合う支援者』を存分に活用し、知的障がい・
発達障がい者の地域生活を支援していくことが大切である。

第 **3** 章

障害者相談支援事業と
成年後見制度

小嶋珠実
（川崎市障がい者相談支援専門員協会）

第3章

障害者相談支援事業と成年後見制度

小嶋珠実（川崎市障がい者相談支援専門員協会）

◇障害者総合支援法とは

　障害福祉における重要な指標として、「障害者の権利に関する条約（障害者権利条約）」が2006年に採択され、日本でも条約の批准に向け国内法が整備されてきた。2011年の障害者基本法の改正に始まり、障害者虐待防止法、障害者総合支援法の施行、障害者差別解消法の成立を経て（2016年に施行）、2014年に日本も条約を批准し、障がいのある人の権利擁護を目指した福祉制度が一歩前進したといえる。とくに、障害者総合支援法では、下記に述べる障害者相談支援事業者を含めた福祉サービス事業者に意思決定支援を義務づけ、パタナリズム（一方的保護主義）を排し、当事者の自己決定の尊重に重きがおかれるようになった。

　本章ではまず、障がいのある人の保護を中心とした福祉制度が、当事者の自己決定を尊重する制度に変化していく過程を踏まえた上で、その中でも意思決定支援に重要な役割を果たす障害者相談支援事業について触れる。

　2000年に開始された介護保険制度からやや遅れ、障がい福祉の分野でも、障がいのある人が利用する福祉サービスを行政が決めて提供するという「措置制度」から、福祉サービスの利用者とサービスを提供する事業者とが直接契約する制度に変更された。2003年から「支援費制度」と呼ばれる契約制度が始まり、2006年からは、支援費制度を踏襲する

52　第3章　障害者相談支援事業と成年後見制度

「障害者自立支援法」が施行された。そして、施行当時に指摘されたいくつかの課題の解決を目指し、「障害者総合支援法」が2013年から施行され、当初から予定されていた3年間の見直しにより2016年に改正法が一部施行（完全実施は2018年予定）された。

この法制度では、障がいのある人の地域生活が重視されているが、それを具体化するのが障害者相談支援事業の強化である。

◇障害者相談支援事業

介護保険制度での地域包括支援センターや居宅介護支援事業所と同様の役割を果たすことが期待されているのが障害者相談支援事業所とそこに配属される相談支援専門員である。

障がいのある人からの相談はさまざまな場所で行われてきたが、2000年の介護保険制度、2003年の支援費制度が開始される準備としてケアマネジメント（ケースマネジメント）の考えが導入された。ケアマネジメントとは、一般的には対人サービスの機会や給付の調整を利用者の立場で行うことと理解されている。そのケアマネジメントという技術を獲得した介護支援専門員（ケアマネジャー）が誕生し、居宅介護支援事業所等に配属された。そして、介護保険制度と同様に、障がい福祉の分野でも障害者ケアマネジメントの実践が検討された。1995年に「知的障害者（当時は精神薄弱者）ケアガイドライン」の検討が始まり、その後、「障害者ケアマネジメント」の普及を目的とした事業が続いた。そして、1995年には障害者介護等支援専門員（当時）を養成するための初めての指導者養成研修を厚生労働省が実施し、各地域で障害者ケアマネジメントの実践者である障害者ケアマネジメント従事者が誕生した。その後、障害者介護等支援専門員あるいは障害者ケアマネジメント従事

者として障がいのある人を対象とした相談業務が実施された。

　そして、これら障害者ケアマネジメントの実践者は、2006年に施行された障害者自立支援法で、知的・身体・精神の３障害を対象とした障害者相談支援事業における相談支援専門員に引き継がれることになった。現在は2011年の障害者基本法の改正により新たな障害者の定義がなされ、障害者相談支援事業を含め障害者総合支援法に規定されるすべての福祉事業は新たに定義された障害者を対象としている。

◇障害者相談支援事業所

　障がいのある人自身の意思に基づく地域での生活を実現するために、必要なサービスの総合的かつ適切な利用を支援するケアマネジメントを基本技法とし、市町村ごとの地域の実情に応じた支援体制が整備されている。その体制の中で、障害者相談支援事業者は、障がい福祉サービスを利用しようとする人が（場合によってはその家族が）、希望する生活の実現のため、総合的支援の方針、および生活全般の質を向上させるための課題等を勘案したサービス等利用計画の作成を行う。

　この障害者相談支援事業者が位置づけられる前は、市町村での障がい者の相談は自治体の障害福祉担当の職員が担っていたが、障害者相談支援事業所が設立されてからは、主に障害者相談支援事業者が障がいのある人の相談を担う体制ができあがった。ただし、地域によっては障害者相談支援事業者の整備が十分でなく、行政の障害福祉の担当部署が障害者相談支援事業者を担ったり、あるいは行政がセルフプランの支援者として計画相談（サービス等利用計画の作成）に関わっている場合もある。もちろん、計画の作成を自らがセルフプランとして行うのか、障害者相談支援事業者に依頼するかは当事者の自由である。

図1 障害者相談支援事業者による計画相談支援

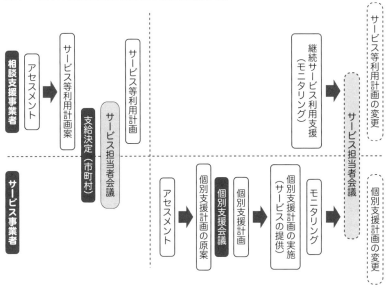

出典：平成23年10月31日厚生労働省障害保健福祉関係主管課長会議等資料

1 障害者相談支援事業者の役割

　障害者相談支援事業者では、従来から行われてきた障がいのある人あるいはその家族等からの生活全般に関する一般的な相談が行われる。これが「基本相談支援」である。障がいのある人の日常生活のため必要な情報の提供や助言を行い、自治体の障害担当やサービス事業者等との連絡調整等を行う。

　また、福祉サービスを利用するためのサービス等利用計画を作成する「サービス等利用支援」と、計画されたサービスが適切に提供されているかモニタリングを行う「継続サービス利用支援」を合わせて、「計画相談支援」と呼ぶ。この計画相談支援は、障害者相談支援事業者の大きな役割である。

計画相談支援では、最初の窓口は障害者相談支援事業者である（図1）。相談支援専門員は、福祉サービス利用等の希望を聞き取った上で、アセスメントを行い、その結果を踏まえ、サービス等利用計画案を作成し市町村に提出する。市町村がサービスの支給決定をした後に、案が正式なものになる。サービス等利用計画を各サービス事業者と確認するために、障害者相談支援事業者が主宰となってサービス担当者会議が開催される。そこには、原則、サービスを利用する当事者、後見人等も参加する。そして、ここで確認された計画に基づいて各事業者が個別支援計画を作成していく。2017年に厚生労働省が発表した「障害者福祉サービス等の提供に係る意思決定支援ガイドライン（案）」には、当事者や後見人が参加する場を意思決定支援会議と称し、意思決定支援のプロセスの1つとしてあげている。

　このサービス等利用計画は事情の変化に合わせて適切に変更していくために、モニタリングが継続される。

　さらに、障害者相談支援事業者は長期に施設入所あるいは精神科病院等に長期入院している障がい者の地域での生活をすすめるための「地域相談支援」も行う。地域相談支援は「地域移行支援」と「地域定着支援」に分かれるが、入所施設で生活する障がいのある人の地域移行をすすめていくためには、地域相談支援を行う指定一般相談支援事業所と連携をとることは不可欠である。とくに、地域移行直前には、地域移行後に利用するであろう障害者総合支援法に基づく福祉サービスの利用計画を作成する必要があり、障害者相談支援事業者による計画相談支援と地域相談支援はうまく結びつくことになる。このことにより、地域で暮らす障がいのある人のサービス等利用計画だけでなく、施設や病院に入所・入院する障がいのある人の地域移行についても積極的に関わることができる。最近では地域相談支援の対象に矯正施設の入所者も加わっている。

もっとも一つの障害者相談支援事業者だけですべての相談を担うのではなく、従来から活動している自治体の障害福祉担当、発達障害者支援センター、障害者就労・生活支援センターなど、さまざまな相談機関との連携をもつことになる。障害者虐待防止法に位置づけられた市町村虐待防止センターと連携を図り、障がい者虐待の防止や対応を行い、あるいは成年後見制度につなぐための支援など権利擁護全般にわたる支援が期待される基幹型相談支援センターを設けている地域もある。

2　基幹相談支援センター

　2012年から、地域における相談支援の中核的な役割を担う機関として基幹相談支援センターが市町村により、あるいは相談支援事業者への市町村からの委託により設置されている。

　ここでは、障がいのある人に対する総合的、専門的な相談業務および成年後見制度利用支援事業や虐待防止のための対応が行われている。基幹相談支援センターの中には市町村虐待防止センターを兼ねているところもある。その他に、地域の状況に応じて支援困難事例への対応や地域の障害者相談支援事業所への助言、地域の相談支援専門員の人材育成などに関わることが業務として位置づけられる。また、地域の関係機関のネットワーク化を図ることも重要な役割とされている。「協議会」と呼ばれる地域のネットワークの運営を行政とともに行う場合もあり、基幹相談支援センターは地域の障がい者福祉の中心となっている場合が多い。「協議会」は、関係機関、関係団体および障害者等の福祉、医療、教育または雇用に関連する職務に従事する者その他の関係者により構成され、自治体が設置することができるネットワークである。この「協議会」については、介護保険制度の地域包括支援センター等が主宰する「地域ケア会議」とのリンクも検討されている。この「地域ケア会議」では、

障害者相談支援事業所　　**57**

地域のネットワークだけでなく、支援困難事例に対する「地域ケア個別会議」も実施されており、虐待防止やその対応にも有効とされている。

　これらのネットワークが、児童・障がい・高齢福祉を含めた横断的な地域抱接ケアに発展していくものと思われる。

◇相談支援専門員

　障害者相談支援事業所に所属しその業務にあたるのが相談支援専門員である。地域によって若干の呼称や基礎資格の違いはあるが、社会福祉士・精神保健福祉士・介護支援専門員等の一定の有資格者が、都道府県または都道府県知事が指定した研修事業所が実施する養成研修を受講し、相談支援専門員として活動している。

　相談支援専門員の主たる業務は相談とケアマネジメントである。障がいのある人たちのニーズを聴きとり、十分なアセスメントを行い、その人が望む地域生活を支援していくためのケアプラン（サービス等利用計画）を作成し、福祉サービスの調整を行う。計画通りのサービスが提供され、効果をあげているかどうかを評価（モニタリング）し、不都合があれば再度アセスメントをして計画を作成し直す。いわゆる PDCA サイクル（Plan［計画］→ Do［実行］→ Check［評価］→ Act［改善］）が応用されている。このような流れがケアマネジメントと言われるもので、障がいのある人の中には、最初からこのサービスを利用したいと思って相談する人もあれば、自身では何に困っているかがわからず、相談支援専門員を利用する目的も立てられない人もいる。そのために、すぐにサービスにつながらない人でも、その人に寄り添い、常に当事者の視点で考えていくことを相談支援専門員は基本としており、この支援が意思決定支援に通じるものといえる。とくに、従来当事者よりもその家

族の相談に対応することが多かった障がい福祉において、まず当事者の希望を聞き取っていく姿勢は、障がい福祉での最も大切な考えである「Nothing about us without us（私たち抜きに私たちのことを決めないで）」に合致したものといえる。

　成年後見人等の役割は基本的には法律行為だが、相談支援専門員は、地域移行支援としてアパートを一緒に探す、日中活動実習のために日中活動先へ同行するなど一定の事実行為の役割を担う場合もある。実際、関係機関や福祉サービスの調整を主な業務とし、地域の実情に明るい相談支援専門員は障がいのある人にとって最も身近で頼りになる専門家である。

　発達障害連盟が2015年に提案した意思決定支援ガイドライン（案）では、「重度の知的障害者等に対して、事実を根拠として本人の意思を丁寧に理解し、代弁する支援者として、基幹相談支援センターの相談員等が、本人を担当する相談支援専門員とは別に第三者の代弁者となることができる」とされている。この代弁者の役割は成年後見人も当然に果たすべきものであり、相談支援専門員がもつケアマネジメント等の技術をもった成年後見人は十分にその役割を果たすことができるといえよう。

◇川崎市障がい者相談支援専門員協会（KSA）

1　川崎市障がい者相談支援専門員協会（KSA）の設立

　これまで説明した障害者相談支援事業所で相談支援専門員として活動する者、あるいは活動した経験のある者のうち有志が集まり、自分たちの研鑽、研修の場を求めて2010年に、「一般社団法人　川崎市障がい者相談支援専門員協会（以下、「KSA」とする）を設立した。KSAに参加する社員は障害者相談支援事業所だけでなく、自治体、障がい者支援施設

やグループホーム、あるいは独立型社会福祉士事務所等、さまざまな機関に所属している。そして、相談支援専門員としてあるいはサービス管理責任者として、障がいのある人の日常の相談業務に携わっている。そして、KSAでは、障害者虐待などの啓発のための市民向け研修会などの開催のほか、主に事例検討や情報交換など相談支援専門員としての技術向上を目的とした研修を行ってきた。そこは、所属している組織に求められている以上に、権利擁護という「個」を意識した支援を果たすために幅広い知識と技術を習得し、組織のあり方にしばられない専門職としての倫理観を高める場となった。

2　法人後見の開始

　KSAに参加する理事や社員は、所属する機関では、業務としてさまざまなネットワーク会議に参加したり相談業務に従事している。そして、虐待や消費者被害に巻き込まれた障がいのある人の相談を受ける機会が増えていき、その防止や対応のため成年後見人の存在が重要であることを認識するようになってきた。一方、知的障がい・発達障がいのある人の家族、主に両親からは、その障がいの専門的知識をもち、しかも一生涯、わが子に寄り添ってもらえる成年後見人の存在が求められた。

　当時、別の法人で法人後見に関係している社員がおり、それまでの実践を踏まえ、さらに、相談支援専門員として、知的障がいや発達障がいに関する知識をもち、その特性に十分に配慮した後見活動をしていける可能性があると考えた。そこで、知的障がいあるいは発達障がいのある人に対象を限定し、法人としてKSAで成年後見人等の受任をしていけるかどうか検討していくこととなった。

　それまでにも、法人後見の是非について議論はあった。とくに、パーソナルな支援が求められる後見活動において支援者の顔が見えにくくな

る法人後見はいかがなものかといった意見も聞かれた。さらに、人間関係で課題の多い、発達障がいのある人に、個人ではなく法人で関わることのデメリットも検討された。

　実際、後見人等は身上監護の点で、「顔がみえる後見」が必要であると福祉現場の多くが考えている。福祉サービスの契約等を適切に行うためには、被後見人（障がい者本人）の状況を直接把握することは不可欠で定期的な面接は重要である。そういった点で法人後見の場合は担当者が容易に変更されたり、事務局員が担当者に代わって事務をすすめ、法人後見における担当者と被後見人との関係が個人後見と比べると脆弱になるのではとの意見があった。また、被後見人等やその家族がそのような点を心配することもあった。

　しかし、知的障がいのある人の場合、数十年に及ぶ可能性のある後見活動の長さ考えると、被後見人等の特性、希望や好みなどの情報を法人として蓄積し、個人の後見人が交代するよりも、担当者交代のデメリットが少なくなるのではといった法人後見に対する肯定的な意見もあった。さらに、人間関係が深まっていくまでに時間を有する発達障がいのある人だからこそ、万が一、被後見人等と担当者の気が合わなくなった場合、本人の申し出によって担当を代えることができ、当事者にとって負担が少ないのではといった意見もあった。このような議論を踏まえて、KSAで法人後見人等の候補者を受けていくこととなった。

　法人後見を開始するあたり、業務の客観性や安全性を確立するため、法人内に業務審査会をつくり、弁護士と精神科医師に業務審査を依頼した。そして、月に1回の社員による事例検討会の他に、年に1回、すべての事例について業務審査会で検討を行った。さらに、同じような活動を行う団体が参加する「全国権利擁護支援ネットワーク」に参加し、そこでの研修や情報交換が行われる大会に参加し、法人後見業務のための

図2　KSAが法人後見を受任するまでの流れ

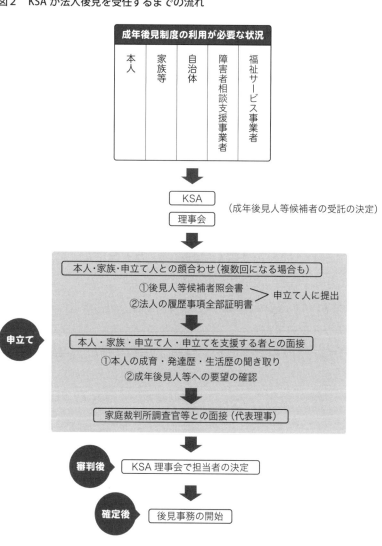

賠償責任保険にも加入した。

　また、首長申立てや関係機関からの要請により受任していくこととし、利益誘導の誤解を受けたり、利益相反の関係にならないよう十分に配慮し受任するようにした。

　KSAで後見人等を受任する手続きは次の通りである（図2）。KSAはホームページをもたないため、口コミや、すでに受任している被後見人等やその家族からの情報で依頼が入ることがある。また、後見人等を必要としている人をすでに支援している関係者、たとえば、自治体の障害福祉の担当や障害者相談支援事業所の相談支援専門員、福祉サービス事業者のサービス管理責任者からの依頼もある。自治体からの相談で首長申立てによる受任をした例もある。このように、当事者や各機関から照会があると、受任についてKSAの理事会で検討される。

　検討のポイントは、本当に後見制度の利用が必要か、その場合法人後見が望ましいか、KSAが受任することが望ましいかなど、まず法人後見ありきではなく、個々の事情から検討していく。理事会で受任の方向が決定されると、次に具体的な関わりが始まる。

　まず、当事者と申立て人との面接を行う。最初に、後見人等として、できる事とできない事を説明する。知的障がいのある人の法人後見人等には、長期にわたる支援が期待され、親亡き後の親代わりを求められることがある。しかし、後見人等は親代わりではなく、法定代理人としての役割がある。親代わりが必要な時には、後見人等だけでなく、親族、それまで関わってきた支援者が、役割を明らかにしながら、チームとして支援していくことを説明する。また、報酬について質問されることも多い。報酬は本人の資産あるいは、成年後見制度利用支援事業の報酬助成から支払われることを説明する。

　当事者や家族、申立て人にKSAが後見人等に選任された場合の役割

川崎市障がい者相談支援専門員協会（KSA）　　**63**

を説明した後に、それでも後見人等を受任して欲しいとの希望がある場合には、次に当事者の情報を収集する。まず、発達歴や生活歴などの聞き取りをしていく。知的障がいあるいは発達障がいのある人を支援していく場合には、このヒストリーを確認することは重要である。面接の場で語られる現在の生活での希望だけでなく、それまで経験してきたことで培ってきた希望や好みを知ることは重要である。それらを材料に、将来にわたる生活の見通しをもつことは、意思決定支援を重視した後見事務をすすめていくためには不可欠である。

　これらの面接を経て、申立てがされ、家庭裁判所での候補者面接が行われる。KSAでは、代表理事は法人としての後見事務全体を監督するため、基本的には個々の後見担当をすることはない。しかし、家庭裁判所での面接は、法人の在り方や法人として考える後見事務を説明するため代表理事が臨むようにしている。

　後見人等選任の審判書が届くと、直後の理事会で担当者が決定される。審判確定後、担当者は当事者や関係者との顔合わせを行い、相続に関係する親族には、原則挨拶状を送付している。

　以上のような経過で後見事務が開始されるが、次の章で示すように、個々の事情は極めて複雑である。事情に合わせ配慮すべき点を法人内で丁寧に検討をしている。

　このような手順により、法人後見活動を展開し、現在受任件数は十数名にいたった。法人後見としては決して多い数ではないが、専任の事務執行者がいない状況で、法人で関わる必要性を鑑みながら、受任件数は少しずつ伸びている。

3　KSA での成年後見活動の特徴

　KSA で受任している、すべての人は、グループホームや単身で親族

からは独立した生活を営んでいる。そして、個々の事情として、次のような特徴がある。

・自らの金銭管理の不十分により債務がかさんで催告により精神的不安定に陥った人。

・適切な消費活動ができず、生活保護を受給しながらも預金が数十万円になった人。この人は自ら希望を伝えることが困難で、グループホームの職員が本人の意思を推察して旅行や電気製品の購入等数万円の消費を考えたが、職員の好みでお金を使っているのではといった批判を受けることを心配し、日常生活費でまかなえる以上の消費に躊躇したため、このような状況にいたっていた。

・虐待により行政が「やむを得ない措置」により分離保護をした人。保護後の地域移行をすすめていくために契約者として、虐待をしていた家族に代わる成年後見人が必要であった。一方で、成年後見人に対して家族の過度な交渉の危険性があった。実際、虐待者である養護者が分離保護をした行政の担当者に日々数時間電話をかけ、あるいは訪問し苦情を言い続ける行為があり、選任された成年後見人の負担が大きいことが予測されていた。

・強度行動障がいなどを理由に福祉サービスの利用契約が一方的に切られそうになっている人。行動障がいの対応について、福祉サービス事業所と交渉あるいは対応を一緒に考えることが求められた。

・母子家庭の母親が失踪し福祉型障害児入所支援施設に入所していた19歳の人に対して、未成年後見人でなく成年後見人に選任され、その後、地域移行を関係機関と協議し、グループホームと契約し、現在は地域生活を送っている。

　このような例は、受任している事例の一部である。このように、障害

者福祉制度だけでなく生活保護制度、年金制度等、障がいのある人の生活全般に関する知識が求められ、しかも個人後見では受任者の負担が過度になるおそれがあり、あるいは被後見人が若く、長期にわたる後見事務が必要な事案を受任してきた。KSA で後見事務に携わる社員はすべて社会福祉士で、多くは個人後見も受任しており、それまで蓄積した技術により、より困難な事案に法人後見の事務執行者として活動している。とくに、相談支援などの専門職として、障がいのある人の地域生活を保障していくことを当法人の活動目的の一つとしている。せっかく入所施設で安定した生活をおくっているからとグループホームなどへの地域移行をしぶる家族に代わって、成年後見人として地域移行の支援をすすめ、施設からグループホームに移行した人の後見活動も行っている。障害者権利条約19条では、障がいのある人に特定の生活様式を強いることを禁じている。入所施設での生活が特定の生活様式なのかどうか議論はあるが、ノーマライゼーションを理念としている成年後見制度の実務者として、やはり施設生活の継続を強いていくことは制度の理念に反していると考えている。障害者権利条約12条を踏まえた成年後見制度の改革も大きな課題といえるが、成年被後見人の地域生活を維持していくための福祉サービスの利用契約は後見人にとっての大きな責務といえる。このような長期にわたる大きな責務を果たしていくために、法人による後見活動は意味があるものと考え、今後も、KSA という法人の特性を踏まえた後見活動をすすめていきたいと考える。

第4章

実際の事例から学ぶ

事例 1 一人暮らしを希望するＡさんの
生活を支える補助人の役割

中古 翠

◇事例の概要

⑴Ａさんについて

　Ａさんは、中度の知的障がいを持つ30代男性である。両親も知的障がいがあり、養育が難しかったため、幼い頃から児童養護施設で育った。性格は真面目で穏やかで、人から頼まれると断ることができないところがある。複雑な説明や、経験したことのないことについては理解が難しいので支援が必要である。

　Ａさんは、特別支援学校（当時は養護学校）高等部を卒業後、就職のための訓練を受けて、飲食店の厨房の仕事に就いた。それに伴い、グループホームの利用を開始した。

　収入は、障害基礎年金と給料であった。お金の管理の経験はなかったため、グループホームの職員が手伝って生活をしていた。食事や洗濯、掃除などについてもグループホームの職員が支援をしながら、自分でできる部分は自分で行い、難しい部分を職員が手伝っていた。日用品の買い物や洋服の買い物などは、職員と一緒に行いながら、少しずつ経験を重ねていき、徐々に一人でできるようになっていった。グループホーム入居後、２年ほど経った頃、Ａさんは自分でお金を管理してみたいと思うようになった。グループホームでは、Ａさんが経験を重ねてできることが増えてきたこと、預金もある程度できて経済的にも余裕が出てきていたこと、何よりＡさんの希望があったので、自己管理をしてみることとなった。

68　第4章　実際の事例から学ぶ

1 カ月ほど経った頃、Aさんからグループホーム職員にお金がなくなったと相談があった。何にいくら使ったか、詳細はわからず、人に騙し取られたということではなかったようだが、家族からの無心はあったようであった。そして、預金100万円ほどを1カ月で使い切っていた。Aさんも自分で管理をしてみてあらためて、計画的にお金を使うことの難しさを実感したようであった。Aさんとグループホーム職員で話し合い、再度グループホームで預金を管理することとなった。日常の生活費については、1週間に必要な額を確認しAさんに渡すことでやりくりすることができた。2週間に一度渡すことも試したが、お金を受け取ると早い時期に使い切り、計画的にお金を使うことは難しいようであったため、元の1週間ごとに戻した。

　仕事については、真面目で頑張り屋であったため頼りにされていたようだった。人手が足りていない時には残業を頼まれることも多かった。初めは、負担感をあまり感じていなかったようで頼まれるままに残業をこなしていた。グループホーム職員は、Aさんの体調を心配し様子を見守りながら、Aさんの気持ちを日々聞いていった。

　ある時、Aさんは体調を崩した。グループホーム職員がAさんと話す中で、仕事の負担感を感じているが、残業を頼まれると断れないことなどを聞き出した。仕事の継続はAさんの強い意思であり、なんとか支援者はこの生活を支えたいと考えていた。

　そのため、当時Aさんの生活全般を支援していたグループホーム職員がAさんと職場の間に入り、勤務形態について話し合いを行った。その結果、仕事の負担が軽減されてAさんの体調も安定して生活できるようになった。

⑵一人暮らし

　グループホーム入居後、5年経った頃、Aさんは一人暮らしをしてみ

たいと考えるようになった。安定している現状をくずす危険をおかす必要はなく、このような希望はＡさんの世間知らずが原因と考えたグループホーム職員は、何度もＡさんの意思をかえようと説得のための話し合いの場を設けた。Ａさんの今の生活を維持し、Ａさんを一方的に守ろうとする、いわゆるパタナリズムによる行為ともとれた。数回の話し合いの中で、Ａさんの意思が強く、その根拠として、過去の家族との確執や反面テレビ番組で得られた理想の家族像によるものと周囲が理解するようになってからは、Ａさんの思いや希望をなんとか実現できるような方向で話し合いが行われるようになった。Ａさんの生活が一変する重大な課題であったため、それまでのグループホーム職員にくわえ、Ａさんのサービス担当者会議のメンバーである自治体の障害担当や障害者相談支援事業者の相談支援専門員が参加したＡさんを中心とした話し合いが続けられた。

　それまで住んでいたグループホームは、一軒家の中に共同のリビングや浴室、洗濯機などがあり一人一人の居室として個室があった。より一人暮らしに近い形で暮らしてみるため、アパートの１室を利用したグループホームに移った。洗濯や掃除などは自分で行うようになり、食事の準備や相談、お金の管理の支援を引き続き職員が行った。

　一人暮らしについてのＡさんのイメージは「自由そう」など漠然としたものであった。そのため、相談支援専門員は、Ａさんが希望する部屋の間取り、住みたい場所、一人暮らしをした場合にかかる費用など、今後の生活をイメージできるよう図や一覧などＡさんにとってわかりやすい資料を作成し説明をした。それらの情報をもとに、Ａさんは、住みたい場所、希望する間取り、家賃額等を決めていった。

◇申立て〜審判の経過

⑴経緯

　一人暮らしになった時に必要な支援について、Ａさん、グループホーム職員、相談支援専門員等で話し合った。掃除や洗濯、日用品の買い物など、グループホームで経験したことについては一人でできるだろうと予測できた。食事については、簡単な調理は可能ということと、買ってくるまたは外食も一人でできることを確認した。このような話し合いの中で、家事についてヘルパーなどを利用せず自分でやってみたいというＡさんの希望を尊重した。そして、一人暮らし開始後に必要になった際にはサービス利用などを相談支援専門員と相談していくこととした。

　心配されることとして、複雑な説明の理解が難しく、人から頼まれると断れない性格もあったので、訪問販売や街角でのキャッチセールスなどから商品購入や契約を勧められた際の対応であった。断ることは難しく十分に理解できないまま契約させられてしまうことが推測された。また、財産の管理についても、これまではグループホームが支援してきたが、一人暮らしになるとそれは難しくなるため、検討が必要となった。その他にも、入院や福祉サービスを利用することになった場合の契約のことについても支援が必要であった。

⑵申立て〜審判

　このような話し合いをする中で、相談支援専門員より成年後見制度の情報提供があった。制度の説明をしたところ、Ａさんも利用について希望したため、手続きを進めることとなった。申立ての診断書では保佐人相当となった。Ａさんは制度の内容をある程度理解することができ、利用したい意思を伝えることが可能であったため、本人申立てで行うこととした。書類の作成や必要書類の取り寄せについては、相談支援専門員

が支援を行った。候補者については、財産管理とともに、ご本人の障がい特性を理解して話を聞き取り、必要なサービス等今後の生活について専門的に判断していくことが必要であるため、社会福祉士を中心とした「川崎市障がい者相談支援専門員協会（以下、「KSA」とする）」にグループホーム職員から依頼があった。KSAの担当者がグループホーム職員の仲介でＡさんと会い、お互いに納得し、KSAを法人として保佐人の候補者として申し立てることとなった。

　家庭裁判所調査官の面接の折には、Ａさんに対して、保佐人が代理で行う事柄について、申立て時に提出した代理行為目録をもとに確認があった。今後の一人暮らしを想定して、「預貯金に関する金融機関との一切の取引」、「定期的な収入の受領及びこれに関する諸手続、定期的な支出の支払及びこれに関する諸手続」、「介護契約その他の福祉サービス契約の締結・変更・解除及び費用の支払」、「医療契約及び病院への入院に関する契約の締結・変更・解除及び費用の支払」等を調査官の説明を受けながらＡさん自身が選択した。

　そして、Ａさんの保佐人としてKSAが法人として選任され、Ａさん、保佐人（KSAの担当者）、相談支援専門員、グループホーム職員、自治体の障害担当により、一人暮らしに向けての話合いがもたれた。保佐人もＡさんの意思が実現されることを要望し、最も重要な賃貸住宅契約時の保証人はグループホーム施設長が引き受けることになった。そして、今後の一人暮らしに向けて物件探しや諸手続については相談支援専門員、グループホーム職員が支援をしながら進めていき、経過や引越しにかかる費用など、必要な金銭消費については保佐人がＡさんと話し合っていくことが確認された。

　一般的に、知的障がいのある人が賃貸アパートの物件探しをすることや契約には困難さがつきまとう。Ａさんの場合、グループホームの施設長がこれまでグループホーム用の物件を探す過程で地元の不動産業者と

懇意にしており、その施設長が保証人になることでスムーズに契約できた。ただし、Ａさんのような例は少なく、2016年に施行された障害者差別解消法等により、今後は知的障がいのある人の賃貸アパートでの単身生活が実現しやすくなることを期待したい。

◇**支援の具体例と現状**

(1)**一人暮らしを開始したＡさんの日常生活**

　保佐人選任後、Ａさんの住みたい物件が決まった。住む場所については、鉄道路線や住所にこだわりのあるＡさんの希望が尊重され、その上で、通勤経路や住みやすさ等が考慮された。賃貸住宅の契約はＡさんとグループホーム施設長が行い、敷金や礼金の支払い、一人暮らしに必要な家具、電化製品など大きい買い物の費用については保佐人と相談をして決めて、買い物はグループホーム職員が手伝った。

　一人暮らし開始後の生活費の受け渡しについては、グループホームで管理していた時のことを参考に、１週間に１回保佐人からＡさんに定額を渡すこととなった。手段としては、生活費を振り込むための通帳を作成してＡさんが管理し、毎週決まった曜日に保佐人がその通帳に振り込む形とした。Ａさんは、一人で預金を引き出した経験がなかったため、初回は相談支援専門員が銀行に同行し方法を説明した。

　１週間分の生活費の中で、食費、日用品などの購入は、Ａさんが望んだ通り自由に誰に指示、注意されることなく自身で考えて使い、困った時には相談支援専門員が相談に乗った。どうしても足りない時や、大きい買い物が必要な時には、１カ月に１回の保佐人との面談の時に相談をした。初めは、１週間分を途中で使い切ることもあったが、徐々にやりくりに慣れていった。

　家賃、水光熱費、携帯料金等は、保佐人が管理する通帳から引き落と

事例１　一人暮らしを希望するＡさんの生活を支える補助人の役割　　**73**

しにした。携帯料金が高くなった時期があったため、Ａさんから携帯電話の利用状況を聞き取ったところ、現在の携帯のプランが合っていないことがわかったため、Ａさんの目の前で保佐人が携帯電話会社に連絡を取り、プラン変更を行った。

相談支援専門員から保佐人へ報告が入ったこととしては、ご本人がご自宅に新聞の勧誘がきて断りきれず購読契約をしたこと、テレビはあまり観ないのにケーブルテレビの勧誘がしつこく来て困っている等があった。それについては、保佐人が新聞契約のクーリングオフの手続をしたり、ケーブルテレビの会社に連絡し今後の勧誘を断る等の対応をとった。また、困った際にはその場で契約せず、まず相談支援専門員に相談してよいことを伝えた。

(2) Ａさんの転職

一人暮らし開始後、１年ほど経って慣れてきた頃、Ａさんの転職の話が出た。恩師からの紹介で公立学校での事務補助の求人があるとのことだった。保佐人がＡさんの意思を確認したところ、仕事内容の説明を受け職場の見学もして、ぜひ事務補助の仕事をしてみたいと思ったとのことだった。関係者には、せっかく一人暮らしの生活が安定してきたのにという思いもあったが、Ａさんの意思が明確であり、バックアップに恩師が入ることが約束されたこともあり、Ａさんの意思をかなえるための準備が開始された。

地方公務員法第16条１項（欠格条項）には「成年被後見人又は被保佐人であるものは職員となり又は競争試験もしくは選考を受けることができない」と記載されている。このことは成年後見制度の転用問題として、あるいは障害者権利条約第27条（労働及び雇用）１項、「あらゆる形態の雇用に係るすべての事項（募集、採用及び雇用の条件、雇用の継続、昇進並びに安全かつ健康的な作業条件を含む）に関し、障害を理由

74　　第４章　　実際の事例から学ぶ

とする差別を禁止すること」に違反するものと考えるべきものである。このことは後述する事例でも触れられており、大阪府吹田市では、被保佐人となったことを理由に公務員の職を失職した知的障がいのある人の復職が係争中である。また、兵庫県明石市のように、条例を作成して被後見人や被保佐人であっても公務員として雇用できるようにしている自治体もある。

　しかし、当時この問題が大きく取り上げられたことは少なく、緊急に、Ａさんの意思を実現すべくその段階でできる方法が検討された。その結果、家庭裁判所に相談をして欠格条項に該当しない補助人への類型変更の手続を進めた。主治医はＡさんの希望を聞き、補助人相当の診断書を作成した。申立て後、家庭裁判所から補助人の審判が下りた。Ａさんは、面接試験を受け採用され、公務員として働くことになった。

　公務員となりそれまで得たことがないような金額の収入が増えたＡさんは、家電製品や旅行など大きな出費が必要な要求を次々と出している。すべてＡさんの希望通りにゆかず、不満げな表情をみせるＡさんであるが、これまでの経験から、単に自由を束縛されるのではなく、困った時に手助けをしてくれる人間として補助人（以前の保佐人）との信頼関係が増している。単に安全で望ましいとされる生活を支援するための話し合いでなく、Ａさんの思いや希望が表明され、それがＡさんの意思として形成され、その意思を支援者が認め、そして実現に向けて話し合いが継続されてきた経過が意思決定支援といえるであろう。

◇**まとめ**

　現在、Ａさんは新しい仕事に就き、仕事を覚えることに苦労しながらも、転職をしてよかったと思っているようである。休日は、友人とスポーツ、飲み会に参加、ボランティア活動などをして過ごしている。困る

ことがあると、相談支援専門員に連絡をとる。以前よりも、Aさんは、自分で決めて自分で行動する経験が増えており、自信を持って生活を送っているような印象を受ける。

　これまで、Aさんは住まい、職業、そのほかにもさまざまな場面で自ら選択し決定をしてきた。Aさんのような知的障がい・発達障がいのある人の思い付きやちょっとした希望を聞き取ることは極めて重要であることは、従来の障害者ケアマネジメントでも指摘されてきたことである。さらに、意思決定に至る過程で、いろいろな経験を積むことや必要な情報を得ること、支援者と話し合っていくことは重要である。

　2015年に厚生労働省の委託研究により日本発達障害連盟が案として提案している「意思決定支援ガイドライン（案）」には、チームによる意思決定支援が触れられている。このチームのメンバーには、本人、後見人等、障害者相談支援事業所、福祉サービス事業所が想定されている。障害者総合支援法に規定されるサービス担当者会議とどこが違うかつい見逃しがちとなるが、意思決定支援のためのチームが、福祉サービス利用に向けた調整のためではなく、それまでの経験や生活に基づく当事者の思いや好みが会議のテーマであることを十分認識することは、ついパタナリズムに陥りやすい福祉専門職には重要と思われる。

　また、このチームはAさんのためのオーダーメイドのチームであるが、障害者総合支援法に規定される「協議会」のように、地元の不動産業者、鉄道の駅員、商店街の店主など、知的障がいのある人が地域で安心して暮らしていけるような福祉関係者に限らないインフォーマルなネットワークも重要である。

事例 2 粗暴行為を示すBさんの地域生活を支援する関係機関の連携

平野光男

◇事例の概要

　Bさんは、30歳代の中度知的障がいのある男性である。こだわりが強く、過去に自閉症と診断されたこともある。現在は、落ち着きがなく、自分のペースで話し続ける一方、じっとしておられず、常に刺激を求めているような印象もあり、ADHD（注意欠陥／多動性障害）の特徴もみられる。

　母親に知的障がいがあり養育能力に課題があったため、15歳から18歳まで知的障害児施設に兄とともに入所していた。特別支援学校（当時は養護学校）卒業後、自宅から通所施設に通いたい、通わせたいという本人と母親の希望で、1年ほど自宅で過ごす。兄はBさんと同じ児童施設を退所後、住み込みの就労をしている。自宅での生活は母親とBさんのみで、毎週末単身赴任先から父親が帰宅していた。しかし、父親の不在時に、時に大声で、時に物を投げるなどの行為で、母親に対して小遣いを要求するようになった。金額的には数百円で家計の負担になるものではなかったが、その粗暴行為により母親は恐怖を感じるようになった。どちらかというともの静かで、関係者の前では、粗暴な様子はみせないが、母親と2人だけになると、母親に命令するかのような口調や仕草をみせ、母親もどう対応していいかわからず言いなりになることが多かった。

　一緒に生活できないとの母親の訴えが強くなり、自治体の障害担当は

電話で父親と話した上で、障害者支援施設での短期入所を利用することになった。

　週末に帰宅した父親が休日にドライブに連れていき、その帰りにそのまま施設に寄り短期入所利用となった。本人には施設入所を悟られないように、施設利用のための衣服等は持たず、本人を施設に送り届けた後、父親が施設生活に必要な衣服や日常生活用品を運んでいった。

　本人には施設利用についての説明がまったくなされておらず、何が起きたかわからず、不安げな様子であった。しかし、父親からの「母親の体調が悪く、元気になるまで施設にいてほしい、また会いに来るから」という説得に、特別な反応を見せることはなかった。説明に納得したというよりは、母親以外の人からの関わりには従順なところがあったため、本心は別にして、すんなり短期入所を受け入れたようであった。

　施設では、時々「家に帰りたい」という訴えはあるものの、粗暴行為はなく施設生活に慣れていったかの印象を与えた。

　この間、Bさんの今後の支援方針に関しては、自治体の障害担当、施設のサービス管理責任者、施設の相談員と担当職員、障害者相談支援事業者の相談支援専門員がカンファレンスを重ねた。一定の方向性が出されると、障害担当が父親に電話連絡し確認をとった。母親には恐怖感があり、Bさんに関わろうとする意思はなく、面会は行われなかった。

　施設では安定した生活をおくるBさんであったが、自宅での母親との生活については、両親、関係者ともに危惧し、Bさんの今後の生活の場所としてグループホームの利用がすすめられた。

　緊急対応のための短期入所と違い、今後の生活場所を決定するということで、相談支援専門員がBさんへの説明役をつとめた。Bさんとともに、グループホームや通所施設を見学し、グループホームの体験利用をすすめ、時間をかけてBさんの意思決定支援を行った。その過程では、「グループホームでの生活をすすめてもいいですか」という質問をし、

「はい・いいえ」で回答を求めるのではなく、Bさん自身から「○○（グループホームの名称）で生活したい」あるいは「□□（通所施設の名称）に通いたい」という意思が確認されるまで、見学や実習を繰り返し、丁寧な関わりが続けられた。もっとも、Bさんにとって、以前利用していた児童施設の経験と重なり、外出や買物もままならない施設からは退所したいという思いが強かったと思われる。Bさん自身もあきらめていたようで、「家に帰りたい」という要求は聞かれなくなっていた。

　半年の短期入所を経てBさんはグループホームの利用を開始した。これまで、高齢者福祉や障害者福祉において施設入所が始まる折に、当事者の意思よりも家族の希望が尊重されているといわれている。しかし、「どこで誰と住むか」は基本的人権の一つであり、虐待対応などを目的とした緊急性を要する事態ではない時には、生活の場所を決めていくための丁寧な意思決定支援が求められる。Bさんのグループホーム利用については、その後の安定した生活を振り返ると、関係機関がBさんの意思が決定されるよう、情報提供を含め丁寧な関わりが有効に行われたと推察できる。

◇申立て～審判の経過

　Bさんは、「家に帰りたいという」本心は別にして、最終的にはグループホームでの生活を望んだ。グループホームでの生活が快適となるよう、Bさんの好むDVDや音楽ソフト等が用意された。グループホームで必要な生活品は、施設の職員がBさんとともに買物に出かけ買い揃えていき、グループホームでの生活に向けてBさんとともに準備していった。Bさんの障害基礎年金は父親が管理しており、Bさんの新たな生活のための支出に父親は制限をくわえることはなかった。月に1回は父親がグループホームを訪れ、Bさんと近くのファミリーレストランなどで

事例2　粗暴行為を示すBさんの地域生活を支援する関係機関の連携　　79

一緒に食事をしていた。

　そのような機会に、父親から兄の動向を聞かされた。Ｂさんと同じく軽度の知的障がいのある兄は特別支援学校を卒業後、住み込みの就労先がみつかり、児童施設を退所していた。数年間順調に就労生活を続けていたが、新入社員とのトラブルにより、上司や同僚に対する粗暴な言動が増え、雇用環境の調整も不十分なまま、自主退職し、家に戻っているということであった。「なぜ兄だけ家に戻り自分は家に帰ることができないのか」と父親に疑問をぶつけたが、兄にも精神的不安定さがあり、母親もまだＢさんを恐れているからということで、「母・兄の調子がよくなったら迎えに来る」という父親の説明で、父親に対して「がんばる」という返事をするＢさんであった。

　その後、帰宅することがないまま、父親と定期面会をしながら安定したグループホームでの生活が続いた。そのような中で、ある日、父親が急死した。父親は慢性疾患を抱えていたようだが、家族には詳しい説明をしないまま単身生活を続けており、父親の死は家族全体に大きな影響を及ぼした。父親の死後、自分が長男だからとＢさんの兄が自覚を示したものの、それまで父親が行っていたＢさんのグループホームの利用料の支払いが滞るなどしたため、関係機関が相談し、障害担当が母と兄に説明し、Ｂさんの金銭管理はグループホームが行うこととなった。

　また、父親の葬儀で、Ｂさんが兄に「家に帰りたい」と訴え、兄も了承してしまったことから、Ｂさんの帰宅願望が強くなった。これも関係機関で検討し、あらかじめＢさんの帰宅の希望をグループホームの世話人が母親に連絡した上で、一時帰宅することになった。ただし、母親はＢさんと２人きりになりたくないという思いから、Ｂさんが一時帰宅すると、すぐに買物に出かけてしまい、Ｂさんと母親との関係が修復されることはなかった。

　父親亡き後のグループホームでの生活が数カ月続いたものの、Ｂさん

にとって家庭とのつながりや精神的安定のためのキーパーソンであった
父親がいなくなったことは、グループホームでの言動に影響した。「あ
れをしたい、これをしたい」といった要求を次々に出し、その要求に対
して、「答えられない」「相談してから」といった曖昧な回答がされると、
以前家庭でみられたような粗暴な言動を示すようになった。自室のテレ
ビを投げ壊したり、壁に穴をあけたり、とうとう世話人の胸ぐらをつか
む行為に至り、関係機関が主治医と相談し医療保護入院をすすめること
となった。兄は精神科病院に出向くことを頑強に拒否したため、相談支
援専門員がタクシーで足の悪い母親を自宅まで迎えに行き、母親の同意
により医療保護入院となった。入院後Bさんは落ち着きを取り戻し3カ
月後に退院し、グループホームで元の生活をおくるようになった。

その後も、父親のことを思い出したり、父親が好きだったタレントが
亡くなると不穏になった。関係者の間では、数カ月に及ぶ長期間の入院
ではなく、気分転換の意味で1週間程度の入院があると精神的安定に有
効と考えていたが、医療保護入院の同意は母親の負担を求めることにな
り、市長同意の手続きも困難であった。気分転換の方法としては、以前
利用した施設での短期入所も有効と思われたが、障害者総合支援法のも
とグループホーム利用者が短期入所を利用することは難しかった。ちょ
っとした気分転換がBさんにとって有効であると思われたものの具体的
な手立てのないまま、Bさんのイライラはつのっていった。

徐々にグループホームでの世話人への暴力が増えていく中で、関係者
は医療保護入院の同意を求めるために保佐人の選任を検討するようにな
った。母親は申立て手続きを1人で行うことは困難であったが、相談支
援専門員の支援により、入院の度に呼び出されることがなくなること、
家庭裁判所に出向くのも今回1回限りならとの気持ちで、保佐人選任の
申立てをした。

そして、保佐人候補として、グループホームのサービス管理責任者か

らKSAに依頼があった。KSA内部の検討会で、Bさんの意見に反する
かもしれない医療保護入院の同意を目的とした保佐人の選任ということ
で、受任を反対する意見もあった。しかし、Bさんの生活を豊かにする
ために父親に代わり金銭管理をすることや、これまで機能していた関係
機関との連携を法的代理権をもつ保佐人が加わることで、より効果的に
することができると考え、保佐人の候補になることを了承した。医療保
護入院については、医師の意見だけでなく、Bさん自身の考えと関係機
関の意見を踏まえ同意するかどうか慎重に検討し、場合によってはBさ
ん自身の意思による任意入院をすすめることで、Bさんの自己決定をで
きる限り尊重した支援につなげられると考えた。

　このような検討ののち、Bさん、母親、申立ての手続きを支援した相
談支援専門員とKSAの代表理事が家庭裁判所に出向き、調査官面接を
経て、KSAが法人として保佐人に選任された。

◇支援の具体例と現状

⑴Bさんとの KSA担当者との関係の構築

　KSAが保佐人に選任され、KSA理事会で担当者が決定された。KSA
担当者がまず行ったのが、現状の生活に対するBさんの考えを確認する
ことであった。Bさんは対人関係、コミュニケーションが苦手であり、
初顔合わせの保佐人との関係構築は大きな課題であった。そのため、最
初にグループホームに訪問する時は、Bさんが慣れている相談支援専門
員が同行した。Bさんは保佐人と初顔合わせだったこともあり、相談支
援専門員が同席したことで、主に相談支援専門員に向いて会話をすすめ
た。相談支援専門員とBさんが会話をする傍らに静かに同席していた保
佐人の存在にBさんも徐々になじんでいったようである。Bさんの好き
な昭和歌謡の話をしていくうちに、自分がもっているCDを保佐人に見

せる等リラックスした会話をすすめることができた。

　後見人等は、関係機関、とくに福祉サービス事業者に対しては、役割の１つとして、サービス内容をチェックし、場合によっては被後見人等の代理人として、福祉サービス事業者と対峙することもある。これは、後見人等が被後見人等の親族と利益相反の視点で対立することがあることと同様である。しかし、後見人等ができる限り関係機関と連携を図り、チームとして支援を図ることは重要である。ただし、多くの場合、支援チームの中で唯一法的権限をもつ後見人等だからこそ、独自の役割があることの認識も後見人等には求められる。

　さて、初対面ながらＢさんとスムーズにコミュニケーションがとれるようになってきた頃を見計らって、保佐人は今の生活についてＢさんの感想を聞き取った。多くの知的障がいのある人は、その特性として、現状の生活に対して否定的な意見を述べにくい、あるいは周囲から期待されている回答をしやすい点がある。Ｂさんも、同様に、今の生活について否定的な感想を語ることはなかった。ただ、「自分の家なんだから時々家に帰りたい」という希望が出された。

　初回対面後、ほぼ月に１回保佐人とＢさんの面会が続けられたが、必ず相談支援専門員の同席を求めた。これは、Ｂさんからなんらかの希望が出された場合、その実現に向けてチームで対応するためには関係機関の連携が必要であり、そのための会議で進行役となり、具体的なサービスを調整していく役割は相談支援専門員が担うためである。

　被後見人等の希望を叶えるために、一緒に買い物に行く、一緒に遊園地に行ったりカラオケに行く等の事実行為を含めた支援を行う後見活動が見受けられる。しかし、日常の支援者以上に被後見人に関わることが困難な後見人等の役割りとして、被後見人の意思決定が実現するためには、被後見人等の代弁を果たしていくことが最も重要と考える。

　これまでＢさんの支援のため機能してきたチームに新参者として保佐

事例２　粗暴行為を示すＢさんの地域生活を支援する関係機関の連携　　83

人が参加するための顔合わせと、帰宅したいというBさんの希望をかなえるために、相談支援専門員がサービス担当者会議を開催した。Bさんも参加し、支援者チームが一堂に会するこの会議は意思決定支援の点で極めて重要である。

⑵Bさんの帰宅について

　Bさんとともにサービス担当者会議に参加した保佐人は、保佐人がこれまでのチームの誰かの代わりをするものではなく、また、誰かの役割を補完するものでもないこと、必要に応じて与えられた法的権限の行使をするものの、基本的には、Bさんの意思決定支援に役割を果たしてきたチームの支援方針を継続していくことが役割であることを確認した。

　知的障がいのある人の支援で「親亡き後の成年後見制度」が論じられる時に、あたかも成年後見人が親代わりであるかのような見方をされることがある。同じように、後見人等が選任されるとそれまでの支援者が役割を終えた感を見せることがある。しかし、それまで役割が曖昧であった金銭管理や福祉サービス利用の契約、契約書や重要事項説明書、定期的に変更される個別支援計画の内容の確認とそれらが確実に履行されているかのチェックなどの役割をもった後見人等が、新たに支援者チームに加わったにすぎない。それまで機能していたチームがいかに継続されていくか、あるいは新たなチームをどう編成するかが重要である。

　保佐人が加わった新たなチームの最初の課題がBさんの一時帰宅であった。Bさんの、ごく当然の希望を満たすために、サービス担当者会議では参加者の役割が決められた。母親への説明は相談支援専門員と自治体の障害担当が行うことになり、数回家庭訪問で説明を行った。母親はBさんと自宅で2人になることに不安を訴えため、Bさんには自宅に帰ることはできるが、母親と会う場合は支援者が立ち会い、近くのファミレスで会うこと、自宅に帰る時はグループホームの世話人を経由して母

親に連絡した上で帰宅するなどの約束を確認し、一時帰宅が実行されることになった。この試みにおいて保佐人が果たした役割はなく、保佐人が選任されなくても実現できた希望であった。

(3)医療保護入院について

　Ｂさんの１時間程度の一時帰宅が開始されたが、Ｂさんから世話人に、帰宅してもいいか母親に許可を取ってほしいという要求が毎日のようにされるようになった。通所施設への帰り道に寄りたい気持ちがあったようで、その都度世話人が母親に連絡し、母親はＢさんの帰宅時には、家のカギをあけたまま買物等に出かけるようにしていた。そのうち、グループホームでの夕食後、「これから帰宅したいので連絡してほしい」という要求がでるようになった。時間が遅いこと等で連絡することを世話人が躊躇すると、Ｂさんは不穏になり、物を投げるようになってきた。また、父親の思い出話を世話人にし、世話人が傾聴していると、突然泣き出し、そして興奮してやはり粗暴な行為に及ぶようになった。夜間は世話人一人での対応のため、Ｂさんが興奮してくると、世話人はグループホームのサービス管理責任者に連絡し、サービス管理責任者が駆け付けるという事態がしばしば生じるようになってきた。このような経過で、精神科に通院同行するグループホームのサービス管理責任者から主治医に相談があり、主治医が入院の必要性をみとめ、医療保護入院の同意のため保佐人が呼ばれた。主治医から説明を受け、その場にいたＢさんとグループホームのサービス担当責任者から話を聞いた保佐人は、Ｂさんが泣いて入院を拒否したこと、また、サービス管理責任者が、Ｂさんのこだわりについて、まだグループホームで対応する工夫の余地があることを話したため、その場での医療保護には同意せず、主治医も了解し、グループホームでの新たな対応で、様子を見ていくことになった。

　ただ、グループホームの頑張りのみに期待するのではなく、Ｂさんの

支援チームが招集された。今回は、それまでのチームに主治医と病院の精神保健福祉士も加わった。

　そこで、Bさんの特性として、慣れによりこだわり傾向が強くなること、こだわりによる要求がエスカレートしていくこと、要求が増えていくとセルフコントロールが効かなくなり場合によっては粗暴行為にいたることが確認された。単に、Bさんの思いを傾聴するだけでは意味がなく、また、精神科薬の変更や増量だけで解決するわけではない。Bさんがイメージできるように取るべき具体的な行動を提示していくことの大切さが確認された。

　また、医療保護入院については、対人関係が苦手なBさんが、日常から離れ静かな環境で落ち着きを取り戻すための場であることも確認され、そのような医療保護入院の目的についても、主治医は了解した。

　その後、Bさんの粗暴行為がみられた際に、粗暴直後の入院ではなく、定期通院の中で、主治医が「疲れていませんか」とたずね、Bさんから「疲れたので入院して休みたいです」という発言があったことで2週間程度の入院がすすめられた。任意入院の形態でも問題ないとも思われたが、病院から保佐人への求めもあったため、医療保護入院の同意を行った。

◇まとめ

　2016年に成立した成年後見制度利用促進法に基づいて設置された成年後見制度促進委員会が提出した意見書では、権利擁護支援のための地域連携ネットワークと中核機関の整備の重要性が述べられている。

　Bさんの支援についても、保佐人が選任される前から父親、障害者相談支援事業所の相談支援専門員、自治体の障害担当、グループホームのサービス管理責任者と世話人、通所施設のサービス管理責任者と職員、

ヘルパー事業所職員等による支援チームが機能していた。父親の急逝後、新たにこのチームに加わったのが保佐人である。後見人等をチームの一員として捉える考えもあるが、単に、チームの一員としてだけでなく、必要に応じて法的権限を行使しながらチームが機能しやすいように関わっていくことが後見人等の大きな役割といえる。

また、後見人等には医療同意権が付与されていないことは、わが国の後見制度の課題の一つとされている。一方で、精神医療において成年後見人と保佐人に求められる医療保護入院の同意は、ある意味、精神科入院による治療・医療同意をしていると解され、医療同意権を付与されていないのに医療同意をしているという、矛盾点の一つと指摘されている。この矛盾は精神保健福祉法が改正されてもなお残されているが、意思決定支援をすすめていくためには、当事者の意思を尊重した精神科入院を検討していくことは重要である。

Bさんについては、保佐人が選任された後、医療保護入院をめぐって支援チームに主治医や病院ケースワーカーも加わり、重厚なチームが作られた。障がいのある人の地域生活を支えていくために、個々の事情に合わせた当事者を中心とした関係機関の連携が必要である。個々の事情を考えた時には、成年後見制度の利用が必要なこともある。地域生活に成年後見制度が必須なのではなく、個々の事情によっては必要な手段の一つが成年後見制度といえる。本人のための出費を可能とし、さまざまな契約を中心とした法律行為、そして関係機関が適切に機能しているか否かのチェックが可能な後見人等ならではのチーム内の役割を意識した後見活動が期待されている。

事例

3

浪費傾向を示すCさんの日常生活を支える保佐人の役割

船井幸子

◇事例の概要

　Cさんは40代前半の中度の知的障がいを伴う発達障がいの男性である。幼少期から、いわゆる「落ち着かない子」「対人トラブルを起こす、扱いにくい子」として教師からは問題児扱いされ、同級生からは仲間外れにされることも多かった。しかし、仲の良い友人も数人いて、小学校・中学校ともに嫌がらずに通い、中学校卒業後は、電気関係の仕事に就いた。対人関係でトラブルを起こしがちなCさんであったが、家族関係は良好で、両親と3人で旅行に出かけるなど、可愛がられて育った。しかし、20歳前に父を亡くし、父の分まで自分が頑張らねばならないとの気負いや、同時期の職場の配置転換による緊張感から、不眠が続き、徐々に負担感が増していった。集中力に欠けミスを連発し、上司に叱責されることも多くなり、長年務めた職場も辞めざるをえなくなった。それでも病弱な母の面倒を見なければならないとの思いで、建築関係や工事現場の仕事などを転々としながらの生活を送っていた。

　しかし、母の病状が悪化し入退院を繰り返すようになると、Cさんの負担感はさらに増し、イラつきを発散するように、飲酒・パチンコやブランド物を買っては給料を使い果たしていった。母に認知症が発症しはじめてからは、母に対する暴言・暴行がみられるようになり、ある日、近隣住民から地域包括支援センターに高齢者虐待の一報が入った。地域包括支援センターおよび行政（高齢担当）は、「高齢者虐待がある」と判断し、母は特別養護老人ホームにやむをえない措置による入所とな

った。また、Cさんは母親の主治医や母親の支援者のすすめで、母の介護負担からの休息を目的に精神科病院に任意入院となった。母の施設利用料や生活費は、近県に住む母の姉が母の預貯金を管理し支払うことになった。

　入院加療により、Cさんは落ち着きを取り戻していったが、主治医からは、知的障がいの疑いを指摘された。知的障害者更生相談所の検査により中度の療育手帳（知的障害者手帳）が交付され、合わせて自閉症スペクトラムが指摘されて、精神障害者保健福祉手帳も交付された。環境の変化に弱く、見通しを持ちにくい、情報処理が苦手、突発的に衝動行動に出やすい等、Cさんのこれまでの生活の中でのつまずきや生き辛さが見えてきた。これまでなんの支援も受けてこなかったCさんに、退院後のおそらく単身生活になるであろうことを想定して、障害者相談支援事業所の相談支援専門員がかかわるようになった。そして、相談支援専門員の支援により、障害基礎年金2級が支給されることになり、退院後の当面の生活費は年金とこれまでの就労で貯めたお金、そして父親の遺産相続により得た自分名義の預貯金でまかなうことになった。

◇申立て～審判の経過

　Cさんは、これまで就労経験はあるものの、「給料が入るとその日に全部使ってしまう。大きいお金の管理は難しい」等の訴えがあった。また、Cさんは母の姉である伯母と気が合わなかったため、自分のことを信用してもらえておらず、父親の遺産や母親の預貯金も使わせてもらえないのではといった心配を口にした。

　これまで、日常生活や金銭管理は母親の支援によって不都合がなかったものの、その母親と、退院後も生活をともにできなくなるかもしれないことにCさんは強い不安を訴えた。生活費の確保は年金の取得により

多少の安心感を取り戻せたものの、日常の金銭管理にも自信がないとの訴えがあった。

そこで、Ｃさんは自治体の障害担当と相談支援専門員から成年後見制度の説明を受けた。自分の通帳を他人に預けることに抵抗を示したものの、自分の生き辛さについて十分理解し、自分の味方になってくれるならばと保佐人の申立てをすることになった。

精神科病院からの外泊や外出により、相談支援専門員と一緒に戸籍謄本や必要書類を揃えていった。

保佐人には、将来多額の財産管理が必要になる可能性や場合によっては自宅の売却の検討も必要なことから、弁護士が選任されるように調整が始まった。Ｃさんは弁護士が自分の味方になってくれることに安心したようであったが、Ｃさんのこだわりや衝動性や攻撃的な発言を認めた弁護士は、主に身上監護をになう役割として障害福祉の専門職の関わりの必要性を感じ、川崎市障がい者相談支援専門委員会（KSA）に複数保佐人の依頼を行った。申立てはこの弁護士の代理による本人申立てで行われた。

家庭裁判所の調査官面接は、Ｃさんと候補者、およびこれまでの経過を知る相談支援専門員も同席して行われた。面接時も、遺産相続の心配や、一人暮らしへの不安、金銭管理をしてほしいことなどを自ら申し出、調査官からの質問や保佐人に付与される代理権についての説明にも納得して返答し、弁護士とKSAが保佐人に選任された。

保佐人は、複数による保佐人選任であったが、事務分掌はせず、Ｃさんの退院後の支援方針と支援方法の確認のため、相談支援専門員に個別支援会議の開催を要請した。その中で、Ｃさんは、「やはり通帳は自分で持っていたい」との強い意思を示したため、まずは１カ月の収支をともに考えることとして、家庭裁判所にも上申した上で、Ｃさんの持つ銀行通帳についての保佐人設定は行わず、通帳は本人管理とした。また、

90　第4章　実際の事例から学ぶ

「自宅に知らない人が入るのは苦手。掃除や調理はできるだけ自分でやってみる。それで難しい時には居宅介護のヘルパーを利用したい」との希望があったため、福祉サービスを利用しないことになった。通帳は保佐人管理とした方が、収支の見通しも立ち、Cさんも理解しやすいのではないか。しかし一方では、本人が自分のお金を自分で持っていたいという思いは尊重すべきではないか等、保佐人も当初は悩みながらの活動であった。そして保佐人選任とほぼ同時にCさんは退院し、自宅で単身生活を始めることになった。

◇支援の具体例と現状

(1) Cさんの浪費傾向

　保佐人が伯母に保佐人選任の旨の書面を送付したところ、同時期に母にも親族申立てにより、成年後見人が選任されていたこと、および認知症の症状等から今後も特別養護老人ホームでの入居継続の方向であることがわかった。一時期は母に暴力を振るっていたこともあったCさんであったが、もともとは父母への感謝の気持ちは厚く、暴力も介護疲れが原因の一時的なものであった。母に成年後見人がついたことをCさんに伝えると、安心した様子であった。

　一方で、保佐人として、毎月訪問に行くたびにCさんの浪費傾向には驚かされるばかりだった。ゴミの分別収集が始まったため、個人情報が漏れるのは嫌だからと、数万円もするシュレッダーを購入する。誕生日だからと自らのプレゼントに数十万円の高級ブランドの時計を買う。機種変更0円だからといって、療育手帳を身分証明書とし、いつの間にか携帯電話の機種変更がなされている。しかし、何種類もの携帯電話の本体料金は加算されていき月々5〜6万円の引き落としがあるといった状態だった。保佐人は、相談支援専門員に携帯ショップに同行してもらい、

事例3　浪費傾向を示すCさんの日常生活を支える保佐人の役割　　91

プラン変更を勧めたり基本通話料の障害者割引を利用したりもしたが、焼け石に水の状態であった。

　Ｃさんは自分でできると言っていたが、やはり食生活や掃除などが行き届かないようであった。居宅介護のヘルパー導入を勧めたが、自宅に他人が入るのは嫌だとのことで、サービスの利用にはつながらないままだった。

　また、当初個別支援会議で確認した「毎月の収支を一緒に考える」ことについては、相談支援専門員が、障害基礎年金が入る月と入らない月、それぞれの場合の収支の目安を表にして、相談支援専門員と保佐人とが一緒にＣさんを訪ねる度にＣさんと金銭の使途を考えていった。しかし、２カ月に１回、偶数月に支給される障害基礎年金はその月に消費してしまい、奇数月の生活費は預貯金を取り崩していた。

　１カ月の支出は相当額に上り、何度か家庭裁判所に報告を行った。月々の収支は大きく赤字となったが、生活が脅かされない限り、Ｃさんの意思をできるだけ尊重した金銭管理をしたいと考え、その方針について家庭裁判所の理解を得るためであった。保佐人は、通帳を示しながら預貯金が減っていく様子をＣさんに説明したが、自分で通帳を持ちたい意向は変わらなかった。

⑵Ｃさんの結婚

　そのような時、Ｃさんから「結婚しました」と連絡が入った。訪問時に精神科病院に入院中に知り合った交際相手がいることは聞いていたが、さすがに入籍後の報告には驚いた。しかし、保佐人がとやかく言う話ではない。次の訪問日には、「妻です」と保佐人に紹介があり、特別養護老人ホームに入居中の母に報告に行ったときは、母は妻の手を握り、泣いて喜んでくれたとのことであった。

　これまで、情報を処理しきれなくなると混乱して、自治体の障害担当

を大声で罵倒したり、頻繁に電話し、何時間も話すこともあったCさんだったが、結婚後は穏やかで精神的にも安定した状態が続いていた。一方では、誕生日やクリスマス、その他、何かの記念日に妻への高額なプレゼントや、飼い始めた血統書付きのペット等々で預貯金は瞬く間に目減りしていった。

　一方で、自分宛てにくるさまざまな通知、たとえば、精神障害者保健福祉手帳の更新申請や障害基礎年金の現況届の提出など、ほとんどの手続きを自身で行い、手続き後に誇らしげに保佐人に報告があった。結婚したことで、妻の支援でできる手続きも増えたため、できることはなるべくCさん夫妻に任せるようにし、難しい部分あるいは第3者が確認したほうが望ましいものについては相談支援専門員もしくは保佐人が支援するようにした。

　ある日、Cさんから「母の様態が急変した。これから施設に行く」との連絡があった。その数日後に母は亡くなったが、母の成年後見人がCさんを喪主として、通夜・告別式すべての手配を行ってくれた。初七日から自宅に戻ったと聞き、訪問したところ、自分を喪主にしてくれたことに感謝していると、涙ぐみながら報告があった。

　しばらくして、母の成年後見人から、母の残した財産の引き渡しをしたいとの連絡が入った。Cさんは伯母が母の財産を自分に渡してくれるか心配していたが、成年後見人が選任されていたこともあり、スムーズに遺産の引き渡しは終了した。そして、母の菩提寺との連絡は菩提寺に近い親族と本人に任せ、Cさんが決めた永代供養としての金銭の振り込みや書面のやり取りを保佐人が確認することとした。

　結婚後、さらに目減りしていたCさんの預貯金も、母の遺産や母の生命保険の解約などでしばらくはしのげることとなった。

　父母の月命日には仏壇に生花を手向け、母の残してくれた金銭の一部は、花代として取っておき、大切に使うと言っていたCさんだったが、

母の死に感じるところがあったのか、自分の死後の財産はどうなるのかを気にし始めるようになった。夫の財産はすべて妻に行くので大丈夫だと説明したが、妻がローンで宝飾品を購入すると、その代金の支払いを助けてあげたい等の気持ちから、多額の支出がみられ、残金が少なくなっていった。保佐人選任以来、金銭管理や後見制度を利用していく意味を話し合ってきたが「自分から保佐人についてほしいと希望したが、今は落ち着いてきたので夫婦でやっていきたい。保佐人はもういらないと思うので、取り下げたい」と繰り返すようになった。保佐人としても、後見制度の利用を続けることをこちらで説得するよりも、Ｃさん自らが家庭裁判所に相談するよう、担当書記官への連絡方法を伝えた。

　家庭裁判所にも相談し、調査官がＣさんの自宅に訪問し面接をする中で、通帳を保佐人管理にしてはどうかとの助言に対しても、納得せず、妻と２人でしっかりやっていくと頑なであった。その後、一部金融機関から、Ｃさんの支出が多額なうえに頻繁なため、通帳の保佐人設定の依頼があった。その旨を本人に伝えたところ、「節約するから大丈夫。通帳の名義が変わる（保佐人〜と追記される）ことは嫌だ」と否定。預貯金の管理についての代理権設定、保佐人そのものも取り消したいと再度強い意向を示した。この時も、Ｃさんの意思を尊重し、保佐人としてはＣさんが行う手続きの推移を見守っているにすぎなかった。

　ちょうどそのような時に、妻に精神症状が出て、服薬しない日が続くことがあった。Ｃさんは母を介護していた時のように、なんとか服薬してもらおうともみ合いになり、妻を叩いてしまったという。妻の精神状態は回復せず、Ｃさんは母にしたことと同じことをしてしまったと嘆くばかりであった。妻は翌日、精神科病院に任意入院となったが、Ｃさんからは、妻の病状を病院に電話で問い合わせても答えてくれないと混乱して連絡があった。妻の入院先のケースワーカーからも、妻の病状説明時には、夫の保佐人にも同席してもらいたい旨の連絡があった。Ｃさん

は主治医の説明を理解することが難しく、再度わかりやすい説明を依頼し、保佐人は、妻の医療関係者とCさんとの間の通訳の役割を担うことがしばしばあった。また、入院費の支払いや精神障害者入院医療援護金支給事業の申請手続きに同行したり、さまざまな手続きを夫として行うCさんが、情報を処理しきれずパニックにならないよう支援した。それでも約3カ月の妻の入院中は、保佐人に対して毎日頻繁にメールや電話があった。心配でたまらなかったのであろう。妻の保佐人ではないが、妻のことで混乱しているCさんを支えるのは保佐人の役割と考えている。退院後はお祝いに指輪をプレゼントしたと、元気な声で報告の電話があった。

　また、「マイナンバーが送られてきたので、夫婦そろってカードを作りたい」との連絡があった。保佐人は、マイナンバーカードを作りたいとのCさんの気持ちは大切にしたい。一方で、紛失した際のCさんの混乱や悪用される危険性が懸念されると率直にCさんに伝えた。以前、玄関のカギを落とした時、ドアごと取り換えるのに30万円かかると思い込み、強い混乱を示したことがあった。カギの交換で事なきを得たが、そのことを思い出し、自分は慌てるとパニックになってしまうので、やっぱりカードを作るのは止める、との結論を自ら導き出した。

◇まとめ

　これまでCさんは母の生命保険、預貯金、Cさん自身の預貯金や保険を満期で解約し、生活費に充ててきたが、Cさんに残された残金は減る一方であった。しかし保佐人として、Cさんがいくら高価なものを買ったとしても、それはCさんの意思によるものなので、取消権を行使したことはない。なぜなら、妻にプレゼントをすることに喜びを感じており、結婚してよかった、幸せだと自ら話してくれるからである。そんなC

さんに、お金を使いすぎるからと取消権を行使したらどうであろうか。保佐人が「幸せなCさん」の権利侵害をしていることになりかねない。福祉現場では、以前から愚行権について議論がある。浪費は必ずしも愚かな行為と決めつけはできないが、将来の生活を見通せないまま浪費を続けることは第三者からみたら認められるべきものではないかもしれない。将来、Cさんが生活保護を受給することになったら、Cさんの浪費に介入しなかった保佐人の行為は、非難の対象になるかもしれない。

　しかし、Cさんのお金をCさんがどのように使うか、基本的には、それは第三者が立ち入るものではないと考える。ただし、生活が立ち行かなくなっては本末転倒であるため、そこは話し合いを重ねていく上で、Cさんの了解を求めてすり合わせをしていくことになるのであろう。

　現在Cさんは「保佐人を取り下げたい」とも「預貯金の管理についての代理権設定を取り消したい」とも言わなくなった。理由を尋ねると、「できることは自分でやる。できないところを手助けしてほしい。普段はいてくれなくてもよいが、何かあった時の相談ができるように、そのために保佐人はつけておいてほしい」とのことであった。保佐人が、自分のやりたいことを邪魔するのでもなく、望ましい生活に向けて説教をするのでもない存在であるとわかったことで、定着できたのかもしれない。

　精神科通院に使用する自立支援医療証が、同一世帯なのに自分だけ送付されて妻の分が来ない。期日付きのアンケートが妻だけに来て、なぜ夫の自分には来ないのか……など、気になり始めると頻繁に連絡が入る。しかし、代理権が付与されているからといってすべてを保佐人が行うことは望ましいとは思わない。相談支援専門員が対応できる部分と、保佐人が動かねばならない部分とを、保佐人自身が関係者との役割分担を意識していくことが重要である。

　Cさんへの関わりは、Cさんの意思決定を支援するというよりも、C

96　第4章　実際の事例から学ぶ

さんが自身で決定した意思を尊重した保佐事務を行ったにすぎないのか
もしれない。Ｃさんの将来に向けて最善の利益が保障されるような意思
決定ができるように支援していくのも一つの支援であろう。

　どのような生活が維持されたら本人の意思が尊重できているといえる
のか、意思決定を支援していくためには何が求められるのか、Ｃさんの
意思を最優先にしたことで浪費が重なったが、金銭を管理したほうが良
いと思っているのは、実は支援者や後見人が安心したいだけなのかもし
れないということを念頭にＣさんに関わってきた。

　成年後見制度では包括的代理権がしばしば議論となる。Ｃさんに対し
ては、取消権だけでなく代理権もほとんど行使することなく保佐事務を
すすめてきた。ただし、Ｃさんのよき相談相手としての役割ははたして
きた。Ｃさんに関わりをもっていく中で、積極的に後見人等が意思決定
支援に関わるのではなく、意思決定支援といいながら過度な福祉の関わ
りを防ぎ、本当の当事者の意思を尊重していくことが後見人等に課せら
れていたのではと思われる。

事例 ④ 地域生活を望むＤさんの施設退去に向けての補助人の役割

大場 幸

◇**事例の概要**

⑴住まいのなくなったＤさん

　Ｄさんが幼い頃に両親は逮捕された。両親がＤさんの養育を行えなくなったことにより、乳児院、児童養護施設、障害者支援施設とライフステージに合わせて居所変更はあったものの、Ｄさんは子どもの頃より入所施設をずっと利用してきた。成人してから、入所施設から地域移行を果たし、福祉の支援を受けながらグループホームから作業所に通うという生活となった。やがてグループホームでの生活に慣れてきた頃、自立にむけてもっとお金を稼げるところに行きたいというＤさんの希望もあり、障害者雇用枠で清掃の仕事に従事するようになる。きちんと認められるようにならなければという気持ちからくる焦り、疲労も積み重なってタバコの本数が増えたものの、仕事自体は楽しいと話し、グループホームでのＤさんの仕事を含めた生活は順調であった。

　しかし、グループホームに新しい入居者が来たことをきっかけに、Ｄさんにとっての生活は大きく変化してしまった。

　「新しくグループホームに入った人のことばかり、世話人は可愛がる」「世話人からおつかいを頼まれるのが嫌」「私には自分でやるようにという。他の人には手伝うのに」と不満がつのっていった。むしゃくしゃする気持ちのやり場に困り、仕事帰りにゲームセンターで時間をつぶしていた。グループホームへの帰りが遅くなることで、世話人からは注意されることが増えていったが、「本当は心配したよという一言が聞きた

98　第4章　実際の事例から学ぶ

った」というDさん。その言葉から、自分を気にかけてもらいたかった気持ちが推測できる。

　やがてDさんは、グループホームにいることが耐えられなくなり、出かけたまま帰らないことを繰り返した。むしゃくしゃする気持ちからふっと思い立ち、帰りの交通費が底をつくまで電車で行けるところまで行ってしまう。後悔はするが、グループホームには戻りにくい。また注意されるのではないか。怒られるのではないか。そのような不安な気持ちからグループホームへは戻らず、野宿でしのいだ。街中を歩いているところ、通報を受けた警察官から声をかけられ、警察に保護された。県外の警察署までグループホーム職員が迎えに来た。それでもまたグループホームから飛び出した。出先で熱中症になり救急車で運ばれた。そこにまたグループホームの職員が迎えに来た。グループホームに戻ってはまた飛び出し、捜索願を出されてはグループホームに戻るということが続いた。そのたびに迎えに行くことを求められていたグループホームからはやがて、入居契約を終わりにしますと言われた。自治体の障害担当立ち会いのもと、言われるままグループホームの入居契約は解除となった。家族の支援もなく、退去後の住まいもないことから、その後は自治体の調整のもと、短期入所施設を転々としながらの生活となっていった。

(2)相談支援専門員との出会い

　短期入所中心での生活になってからは、自治体の障害担当が、お小遣いの受け渡し、短期入所施設利用料の支払いや心因反応と診断された精神科通院の同行、次の短期入所先への移動等を行っていたが、生活場所があちこちと変わる中では気持ちも落ち着かず、今後どうしていくといいか相談しようという気持ちにはDさんもなれなかった。そのような短期入所を渡り歩く生活が1年を過ぎ、自治体だけでの支援にも限界が出てきた。そのため、自治体の担当者がDさんに障害者相談支援事業につ

事例4　地域生活を望むDさんの施設退去に向けての補助人の役割　　99

いて情報提供を行った。相談できる相手がほしいというＤさんの希望も
あり、障害者相談支援事業所の相談支援専門員と出会うこととなった。

　相談支援専門員は短期入所先のＤさんに会いに来て、障害者相談支援
事業について説明をした。その後、Ｄさんはかつて利用していたグルー
プホームに対する思いや今後の希望を話した。「（新しい）グループホー
ムと働くところを見つけてもらいたい」「前のところ（グループホーム）
は嫌なので。職員が他の利用者に対してやるのに、私に対して冷たいし、
嫌な思いしたので」「詳しくは言えない」「原因作ったのは自分。家出も
３回した」「反省しないといけないと思うが、みんな、新しい人ばかり
を可愛がって、平等に扱ってもらえなかった」「差別された」「戻れるな
ら戻りたい気持ちもある」「でももう戻れない。電話したらそう（もう
戻れないと）言われた」「でも、やり直しきくならもう１回やり直した
い」と揺れる気持ちを語った。今後の生活に向けて具体的な意思の形成
や明確な希望が述べられる段階ではなく、思いがようやく語られる段階
であった。

　相談支援専門員は、希望するグループホームでの生活に向けて、その
前段階として新しい生活への準備を、短期入所のように生活の場を転々
とするのではなく、同じ場所できちんと支援してくれる場所を設定する
必要性を感じた。つまりは、地域移行を目的とした支援がきちんとでき
る体制が必要ということである。Ｄさんの金銭管理を未だに退去したグ
ループホームが引き続き行っており、退去後の荷物がグループホームの
契約によりレンタル倉庫に入れられて管理されている状況であること、
退去後の手続き支援等がなされていなかったことによる年金受給の一時
停止等の経過があり、Ｄさんのことをきちんと考え守ってくれる人が必
要であった。

◇申立て〜審判の経過

　短期入所施設を転々とするより一定期間落ち着いた生活が保障される障害者支援施設の利用も検討されたが、Ｄさんは30歳代、障害支援区分2で入所施設の対象とならず、何よりも以前障害者施設での入居経験があるＤさん自身が施設での生活を望まなかった。

　2カ月に1回月額約66,000円の障害基礎年金が支給され、就労により100万円以上の貯金があり、週末には友人と映画やカラオケに行っていた生活と一変したものとなった短期入所施設での生活に、Ｄさんは徐々にイライラをつのらせていった。

　いつまでも複数の短期入所施設を転々とすることが果たしてＤさんにとっていいのだろうか？　利用していたうちの一つである短期入所施設の相談員と自治体の障害担当、そして相談支援専門員の働きかけにより、Ｄさんは今後の生活を応援してくれる人を依頼しようという気持ちになった。幼児期より児童養護施設や障害者支援施設、グループホームなど居住施設を転々とし、その都度担当者が変更になる経験をしてきたＤさんにとって時期によって変わることがなく一生とはいわないでも長期間関わりが保障される成年後見人は魅力的に思われた。何よりも、グループホーム退去にあたり、よくわからないまま契約解除を求められ、退去届に「二度と〇〇(グループホームの名前)に戻りたくありません」と乱暴に書きなぐったＤさんにとって、自分の味方になってもらうことができ、かつ状況によって福祉サービス事業者と対峙してくれるであろう後見人等は頼りに感じられたようである。

　後見人等の候補者について、障がい特性や複雑な成育歴を考慮し、社会福祉士がいいのではないかと相談支援専門員が考えていたところ、Ｄさんが幼少時に関わりがあり、信頼している社会福祉士がいることがＤさんとの面接の中で把握できた。10年以上前の関わりであったが、そ

の社会福祉士が現在、川崎市障がい者相談支援専門員協会（KSA）に所属していることがわかったため、Ｄさんの補助人就任の打診依頼を相談支援専門員が行った。

KSAで法人として補助人候補者を受けることを決め、Ｄさん自身の申立てによりKSAがＤさんの補助人に選任された。

KSAが法人として補助人に選任された後に、個別支援会議が相談支援専門員主催により開催された。多くの関係者に囲まれＤさんは安心した表情で「○○には二度と戻りたくない」と述べ、○○には戻さない事が力強く補助人から語られた。Ｄさんの本音としては○○に戻りたいという気持ちがなかったかといえば、そうではなく、恐らく元の生活を望む気持ちがあったと思われる。しかし、Ｄさんが十分に理解せず感情的なしこりが残ることになったグループホームからの一方的な契約解除、その相手に対して関係が回復されるのではないかといつまでも期待し続けることは、Ｄさんにとっての最善の利益と考えられなかった。一方で、Ｄさんにとっては、グループホームとしては○○での経験しかなく、別のグループホームを選択する意思を明確にしようとしてもこれまで選択肢も不十分であった。

Ｄさんの地域生活に向けて意思決定を支援していくことは重要であったが、意思決定がなされる間に短期入所施設を転々とすることは望ましいといえなかった。そこで、利用期間が限定され近い将来にグループホームなど地域生活の見通しが保障される入所型生活訓練施設利用の提案がされた。補助人はＤさんの意向を確認した上で、Ｄさんと一緒に説明を聞き、入所型生活訓練施設契約を取り交した。合わせて、補助人からは地域移行支援契約を障害者相談支援事業者と結びたいと要請し、新たなグループホームでの生活に向けて一体となって地域移行支援を行っていくという方針をＤさんとともに確認した。

補助人には、金融機関との取引や福祉サービスの利用契約など、これ

までＤさんがグループホーム職員に頼っていた生活に必要な代理権が付与されていた。しかし、とくにＤさんの不安の原因となる福祉サービス利用については、Ｄさんに理解しやすい説明と文書の用意を福祉サービス事業者に依頼し、Ｄさんが理解し自身で記名した後に補助人が補足するようにサインと押印を行った。知的障がいのある人に支援する場合に重要な視点となる「Nothing about us without us（自分たちの知らないところで自分たちのことを決めないで）」を意識したＤさんへの関わりが心掛けられていた。この考えは、不必要あるいは過度な代理決定を否定し、当事者の意思決定を支援する根幹といえる。

◇支援の具体例と現状

(1)Ｄさんの地域で生活する権利をまもる

　補助人を受任したあと、Ｄさんの今の生活や今後の生活について尋ねると、「前いたグループホームには戻りたくない」「新しいグループホームを探して、そこで生活したい」「仕事もしたい。作業所に通って」「時々、ヘルパーさんとお出かけしたい」「私のお金大丈夫かな？」「私に来る手紙が前のグループホームに届いているみたいで、困っている」「知らない間に年金も止まっちゃったって聞いた」「私の住所ってどうなるの？」矢継ぎ早にＤさんからはいろいろと話が出てきた。そのため、手続きやお金のことは補助人としてＤさんの代わりにきちんとやるので、心配しなくていいと伝えた。合わせて気になることがあったら、小遣いを預けに来つつお話を聞くので、また教えてくださいと伝えた。Ｄさんは少し緊張していたが、補助人のことを守ってくれる人と聞いていたそうで、安堵の笑みを浮かべていた。

　Ｄさんは前のグループホームには戻りたくないと話していたが、一方で見捨てられてしまった気持ちもあり、本当は戻りたい気持ちと交錯し

ているであろう。今回、入所型生活訓練施設の利用が決まったことで、グループホームに向けた地域移行に関しては、個別支援計画の策定のもと施設も支援をしていくことができる。障害者相談支援事業者も地域移行支援を行っていくことができるが、移行先についてはDさんの障がい特性や対応についてしっかり理解し、支援できるグループホームとなると、限定されてくるであろうことが推測できた。ずっと施設にいるということも、やがてストレスが出てくるのではないか。グループホーム移行に向けての支援が、Dさんにとって見通しをもてるようにしていく必要もある。まずは、今回契約した入所型生活訓練施設での過ごし方や生活に慣れていくことであるが、その次の段階としてどうしていくといいか、相談しながらやっていきたいと個別支援会議でも話があった。

　ここで、Dさんの意思決定を支援していく上で配慮するべき点がある。軽度の知的・発達障がいのある人の中には、周囲が期待していることを本心とは異なっていてもつい口に出してしまうことがある。Dさんも幼少期からの施設暮らしが影響し、周囲の人間の発言に自分の発言が左右されやすかったり、自分の本音を話す前に周囲の人間の意見を聞いてしまったりする傾向がみられた。そのような環境でDさんの発言をそのまま本音としてとらえてしまっていいか迷うことがある。

　そのため、補助人はDさんに対して注意をする存在でもないこと、失敗した時には一緒に解決していくこと、Dさんのやりたいことを手伝う役割であること、福祉の関係者と立場が違うことを繰り返し語り、Dさんが自分の希望を安心して言える関係を作っていった。

　そこで、表明された意思と経験に基づき推定される意思、そして最善の利益との調整が福祉現場では求められることになる。しばしばDさんから発言された「元のグループホームに戻りたくない」という希望は、その発言の頻度や元のグループホームに自ら電話をする行為、また、これまで数年間をこのグループホームで安定して過ごせてきた経験からは、

104　第4章　実際の事例から学ぶ

元の生活を望むことが本当の意思と推察された。しかし、元のグループ
ホーム職員の虐待ともとれる発言や一方的な契約解除などからは、到底、
今後そのグループホームで快適に過ごすことは困難と支援者は考えてい
た。そこで、補助人としては、Dさんの本当の意思とは異なることを承
知しながら、元のグループホームではない生活に向けての新たな意思の
形成に取り組んでいった。

　知的・発達障がいのある人が、自らの意思を形作っていく場合、いい
事であっても不快なことであっても、自らの体験経験を踏まえることが
ほとんどである。狭い経験の中での選択では、適切な選択ができないこ
ともあり、これまで経験していない選択をするためには、支援者からの
情報提供は重要である。第2章で触れられていたように、当事者がイメ
ージしやすいように視覚的手段で情報を提供していくことは重要である。
また、障がい特性によっては、「もし……」「仮に……」といった将来の
見通しや仮定を前提とした思考に苦手さがあることに配慮が必要である。

　そして、補助人としては、Dさんの希望するグループホームでの生活
を実現できるよう進めてほしいと支援関係者に伝えた。地域移行支援の
契約を後日、障害者相談支援事業者と行ったことにより、グループホー
ムを利用するようになったらどんな生活をしたいか等をDさんから具体
的に聞き取り、Dさんのような人でもしっかりと対応してくれるグルー
プホームで生活を送ることができるよう、地域移行支援計画をたててても
らうことができた。地域移行支援計画が策定されることにより、施設と
一体となってDさんの希望するグループホームでの生活が実現できるよ
うに、今はこの段階だからとDさんにも見通しがつきやすいよう進めて
もらえるようになった。

　補助人としては、Dさんと一緒に地域移行支援会議に出席したほか、
相談支援専門員の作成した地域移行支援計画を確認。その場ではDさん
の意思、希望を第一に、それがかなうような支援を求めていった。

事例4　地域生活を望むDさんの施設退去に向けての補助人の役割　105

⑵想定されるリスクへの対応

　Dさんは幼いころに両親と別れ、入所施設での生活を長く送っている。両親からの愛情を十分に受けることができなかった満たされない思いからか、ストレスには弱く、すぐにお腹が下ってしまうそうである。また、よくわからない内容についての返事も相手によく思われようとしてか、とっさにわかったふりをして返事をしてしまっているということがあった。不安や悩みは小さいうちに周りの支援する人が気づき、配慮することや大きくなる前に解決ができればよさそうなものの、知らず知らずのうちに大きくなってしまうと我を忘れてしまうような状態になることが今後もありえる。そうなると、かつてのグループホーム退去となる前の時のようにイライラして物にあたることや暴れること、飛び出して帰ってこなくなってしまうということが想定できるであろうというのが主治医の意見であった。

　グループホームへの生活への移行を果たすことがDさんの強い希望であるが、補助人としては、新しいグループホームにしても、再度Dさんが飛び出してしまう可能性についての懸念があった。行動障がいや精神疾患による自傷他害のおそれがある人に対して、補助人としてどう対応するといいのかの方針をたてるために、行動面の問題が生じる恐れがあるDさんに対して、日常生活でどのような配慮が必要か、著しい行動面での変化が生じた時にどのように対応するとよいか等、主治医の意見を病院に同行し、確認をした。

　地域生活をDさんが継続していく上では、さまざまな困難が予測される。しかし、Dさんに限らず、誰もが人の力をかりながら生きているものであり、恩恵を受けることもあれば迷惑をかけることもある。それは障がいがあってもなくても同じことである。医療や福祉の支援の中でできる方策やサービスを利用しながら地域生活を送る権利がDさんにもあ

る。さまざまな支援機関や地域の方に関わりをもってもらいながら生活を送ることにより、Dさんの人生も広がりをもって展開していくとともに、自己肯定感を取り戻していくことができるのではないか。

補助人としては、Dさんが地域生活の中でトラブルを起こした時に備え、想定できることに関してはあらかじめ何の準備や備えが必要か等について、地域移行支援会議に参加し、そこでの議論等を通して見極めていくよう努めた。また、地域移行前から移行後の生活を見据えた外出にむけての支援を段階的に行ってほしいと要請した。グループホーム移行にむけて、施設職員の付き添いによる外出、ヘルパーとの外出、単独外出へと行うため、ヘルパー事業所と制度利用ではなく、自費での利用契約をDさんとともに説明を受けた上で契約し、地域移行後は制度利用によるヘルパー利用を行っていきたいと要請した。

◇まとめ

意思決定を支援していくために、当事者の発言を重視することは大切である。しかし、障がいのある人の支援をしていく上では、その認知の歪みや経験から、その発言が本心からではない可能性があることにも配慮が必要である。では、どのように意思を見極めていくのか。最善の利益（ベストインタレスト）については、第三者からみた最善の利益を重視するのではなく、個人の経験に基づく希望や好みを基にした最善の利益こそが意思決定支援には必要であると考える。第三者からみた最善の利益ではパタナリズムに陥る可能性があるからである。

Dさんは、支援者の意見を踏まえた補助人の判断のもと、十分な説明と体験、そしてそれらを踏まえ新たに形成された意思により地域生活を開始した。作業所にも通い、ヘルパーとの外出も楽しんでいる。時折、ささいな指摘を支援職員から受けることで、以前のグループホームのよ

うに自分は追い出されてしまわないだろうかという不安が出てくることがあるが、連携して支援することで不安が大きくなる前に解消へとつなげることができている。Dさんは、「私はずっと今のグループホーム、作業所で暮らしたい」と会うたびに話す。意向はきちんとわかったので、これからもずっと暮らせるよう応援しているよといつも伝えている。

　補助人がついていることが、Dさんにとっての安心にとどまらず、支援先にとっても支援の迷いや判断を求める先があるという安心感につながっていること、その支援先の安心感によって、Dさんの地域移行後の生活の居心地の良さへの一助となっているのではないかと今は感じている。

事例 5 重度知的障がいがあり発語が困難な Eさんの意思決定支援

小嶋珠実

◇ 事例の概要

　Eさんは、25歳の男性で　最重度知的障がいを伴う自閉症と診断されている。発語はなく、言葉を媒介としたコミュニケーションは困難である。

　思春期より精神的不安定がみられ、家族、通所施設の職員や他の利用者に対する粗暴行為が激しく、家庭内での粗暴行為を止めるため、家族が本人に手を上げてしまうことがあった。混乱が激しい時には精神科入院を経て、なんとか特別支援学校卒業後に自宅近所の施設に通所していた。しかし、通所施設に行きたがらないことがあり、施設の送迎車に間に合わない時には、父親が自家用車で送迎することもあった。時には父親の送迎中に後部座席から父親の髪を引っ張ることもあり、施設への通所も困難になりつつあった。睡眠障害もみられ、深夜まで大声で騒ぐこともあり、月の半分くらいは短期入所施設を利用していた。長期利用が可能な入所施設の利用を家族は希望したが空きはなく、家族の負担も大きくなってきた。

　短期入所施設の利用は家族にとっては不可欠であったが、通所施設に行くつもりで父親の車に乗って、いつもと違う施設に連れて行かれることで、施設での混乱は増し、ガラスを割ったり、椅子を投げるといった行動障がいも顕著であった。なかなか、入所施設の空きがなく、自宅と精神科病院そして短期入所施設を転々とし、安定しない生活が数年続いていたが、ある時、自閉症の専門施設を運営する社会福祉法人が、自閉

事例5　重度知的障がいがあり発語が困難なEさんの意思決定支援　109

症に配慮した構造の建物を新築しグループホームを開設することになった。新築のため、体験入居は十分に実施できなかったが、ようやく継続的に利用できる居住場所であるグループホームに入居できることとなった。新しい生活を家族は強く希望し、施設職員もすすめる。しかし、これまで生活した家を離れ、新たな場所へ移り住むことについて、Eさん自身の希望、意思を確認することは困難であった。

◇申立て～審判の経過

　Eさん自身のグループホームに入居したいか否かの意思は不明であったが、グループホームから施設に通所するEさんの新しい生活が始まった。グループホーム入居後新たに支援者として加わった障害者相談支援事業所や施設職員と家族は頻繁に情報交換を行った。

　新しい生活に慣れるため、主治医のすすめもあり、定期通院した折に診察室で両親と会う以外は、入居後半年ほどはEさんと両親が会う機会は設けられなかった。この間、両親は、親としての役割を十分果たしたという思いと、親亡き後のことを考え、成年後見制度を利用することに決めた。両親とも60歳前で若かったものの、親自身が成年後見人に就任することはまったく考えず、「自閉症親の会（自閉症協会）」から情報を得て、KSAに成年後見人就任を依頼した。

　手続きはすべて両親が行い、見知らぬ人と会うとEさんが不安定になることを家庭裁判所に伝えてあったためか、調査官等とEさんの面接は行われず、申立て後1週間で成年後見人選任の審判がおりた。

◇支援の具体例と現状

　KSAは社会福祉士で構成されているが、法人役員や顧問として医師

や臨床心理士も参加している。後見実務をすすめていくにあたり、Eさんの障がい特性の把握と、現状の生活習慣や環境整備が適切かどうか法人内で検討し、その上で、グループホームの生活について成年後見人としていくつかの申し出を行った。

(1)食事

まず、食事についてである。朝食と夕食は毎日グループホームでとっていたが、肉料理や卵料理など気に入った料理が出されると、他の利用者の皿に手を出しトラブルになることがあった。さらに、Eさんが理解できないとわかっていても、つい世話人が注意し、そのことでEさんがさらに不安になることがあった。そこで、成年後見人として、Eさんが自分の部屋で一人で食事ができるような支援を求めた。両親は、他の利用者と一緒に仲良く食べてもらいたいという思いもあったようだが、他の人に用意された料理や他の利用者が同じ場面にいることによる「ざわつき」がEさんにとって望ましくない刺激と判断して、一人で食事をするための環境整備を求めた。一人での食事を開始するにあたり、あらかじめ撮影してあったEさんの部屋のテーブルの上に食事のトレイがのった写真を提示しEさんの反応を確認した。「お部屋で食事をします。いいですか」とたずねても、Eさんは頷いたり、首をふることはなかった。それでも、世話人が食事をトレイにのせEさんの部屋に入っても、騒いだり、物を投げるといった不快表現はみられなかった。Eさんの行動から、この新しい試みを受け入れたものと思われた。

その後、自室での一人での食事が続けられ、マイペースなため1時間くらい食事時間がかかることもあるが、以前のようにイライラし食器を投げることもなく、落ち着いて食事ができている。みんなと一緒に食事をとるという一般的なものの考え方ではなく、Eさんの自閉症という特性や個別性を重視した支援が行われたことになる。Eさんは言葉や文字

事例5　重度知的障がいがあり発語が困難なEさんの意思決定支援　111

により、意思を表明することは困難である。また、この食事形態は特定の生活様式ともいえ、さらに、それまでの経験に基づく希望や好みから設定された環境ではない。しかし、Ｅさんの障がい特性に配慮し、医学的な知見等により判断した支援方法が結果的にＥさんの物言わぬ意思と合致した例といえる。

(2)余暇の過ごし方

　次に、休日の過ごし方である。障害福祉サービスが提供されるにあたり作成される個別支援計画に「本人の興味に従い経験を拡げていく」「楽しく取り組めることを増やしていく」といった具合に、一見当事者の意思を尊重した取組みをしているかのような記載がされることがある。Ｅさんに対しても休日にはヘルパー２人が同行し、近所の商店街での買い物、カラオケボックス、ファミレスでの外食が行われていた。自閉症スペクトラムの人たちにとって、見通しがもてない活動は不安や混乱をまねくことが多い。グループホームの個別支援計画の説明の折に、それまでの休日の過ごし方について説明を受けた成年後見人は、Ｅさんの障がい特性に配慮せず、目的がはっきりしない、ウインドーショッピングや観光、公園でのサイクリングやボート乗りなど支援者がＥさんの経験を拡大していると思い込んでいる活動の中止を求めた。そして、毎週、同時刻のバスと電車に乗り、同じ店で買い求めたお弁当やおにぎりを持って、同じ公園に行きそこで昼食をとり、同じ時刻の交通機関で、グループホーム近くの同じコンビニで買物をして帰宅するといった、同じパターンの活動をすることを求めた。ただし、コンビニでの買物では店内の買物かごを持ってＥさんの自由に買うことにした。日によって食べ物に限らずシャンプーやティッシュを買い求めることもあったが、かごに入る限りといった視覚的にわかりやすいルールで買物が行われた。かご一杯の買物をしたとしても、金額的にも金銭管理に支障がでるものではな

かった。この活動についても、本当にEさんの意思が反映されているのか、Eさんにとっての最善の利益なのかと議論の余地はあると思われるが、そのような議論をするよりも、スケジュールが曖昧になりがちな休日や休憩時間の過ごし方に課題が生じやすい重度の自閉症スペクトラムの人にとって、安定した余暇活動ができているということは、Eさんの意思や希望・好みが反映されていると言いきれるのではないだろうか。

(3)グループホームでの過ごし方

次に、グループホームでの過ごし方である。グループホームに入居するまで、Eさんはさまざまな物を破壊してきた。グループホームに入居してからもリビングの椅子を投げ、テレビを倒し、時には人にも向かっていった。食事を一人で自室でとるようになって、落ち着いた食事時間をもてるようになっており、同じように食事時間以外の日常生活も一人で、他人の関わりを最小限にして過ごせないか検討された。Eさんはアニメが好きで、時には体を揺すりながらニコニコとして見ている。自閉症スペクトラムの人の場合、ニコニコしているから、あるいは、黙って続けているからといって、それが本当の意思かどうか判断がつかないことが多い。コミュニケーションが困難な人の場合、意思の把握は日常生活で得られる情報からその人の意思を推察する程度に限られることが多い。Eさんの場合も、本当にアニメが好きかどうかその意思は明確ではなかったが、投げられないようにテレビを壁にうめ、それをプラスチック板で防御し、投げて破損することも起こりうることを前提にリモコンスイッチだけをEさんに渡し、好きな番組が見られるような環境を整えた。テレビ番組を自分で選択できる、つまり、意思決定できる場面を保障するために、Eさんのテレビには、100以上の番組が用意されているケーブルテレビの契約を行った。同じ番組を見続けられる時間は短いが、リモコンスイッチでザッピングをしながら、見たい番組を自分で選択し

それを見ながら一人で落ち着いて過ごせる時間が増えている。それまでアニメにこだわりを見せていたが、リモコンを自分で操作し好きなチャンネルに変えられるようになってからは、アニメだけではなく、音楽番組や自然や動物の画像が流れ続ける環境チャンネルなど多様な番組を見ている。時には、興奮してリモコンスイッチを投げ壊してしまうこともあるが、Eさんが失敗感をもたないよう、すぐに次のリモコンが用意された。

⑷医療

　日本発達障害連盟が厚生労働省の委託研究の中で示した「意思決定支援ガイドライン（案）」には、意思決定の内容として「生活」「人生」「生命」の領域が示されている。Eさんにとっての「生活」「人生」の領域での意思決定支援について述べてきたが、最後に「生命」の領域に含まれる医療について述べる。思春期からの行動障がいによりEさんには長い付き合いの主治医がいる。成年後見人が選任されてからも、発達歴を知っている両親と日々の生活の状況を把握しているグループホームの世話人が診察には同行している。これまで、診察後入院になったことがあったため、通院時は緊張が見られたが、通院に出発する折に、病院の写真、主治医の写真、送迎車の写真、帰りに買物をするために寄るコンビニの写真、自室の写真といった具合に通院後もグループホームに戻るスケジュールが写真で提示されることで、入院させられる不安がなくなったためか通院時の拒否はみられなくなった。成年後見人として主治医の指示のもと、医療保護入院の同意を求められることもあると思っていが、Eさんにわかりやすい情報提供など障がい特性に合わせた環境整備——いわゆる合理的配慮——がなされた生活では、医療保護入院が必要とされる混乱はみられていない。

◇まとめ

　重度の知的障がいのあるＥさんの地域生活を通して、Ｅさんの意思決定を支援する様子をまとめた。その内容は、日々の生活に関係するもので、あえて意思決定支援という大層なテーマとしなくても、これまでも福祉現場では行われてきた工夫にすぎない。ただ、自室での食事、自室の改装やケーブルテレビの契約等、それまでは「もったいない」「他の利用者との公平さが保たれない」といった、ややもすると「集団生活だから」と、なかなか進みにくかった個別性を重視した支援が、可能になったことを示している。これは、Ｅさんの利益のみを考えた支援の個別性を主張し、Ｅさんにとって必要な金銭の消費を権限として行うことができる成年後見人が選任されていたからこそ、短期間に実現できた面も少なくないと考える。

　どんなに障がいが重くても、その人なりの意思は存在する。そして、意思があると考えることが、それぞれの人が存在する意味を社会が認めることになるであろう。Ｅさんの場合も、周囲の人からの支援が不十分であったり、周囲の人間の勝手な思い込みにより支援のポイントがズレたりすると行動障がいが発生した。Ｅさんの意思を、周囲の人間が理解できない、理解する方法を持ち合わせていないといった場合に適切な支援ができなかったのである。そこで、障害者総合支援法では、意思疎通支援と意思決定支援を障害福祉サービスを提供する事業者に義務づけている。当事者の意思決定が困難な場合、当事者を取り巻く支援者がチームとして意思決定を支援することが、場合によっては意思を推定することが、求められている。そこでは、代理権を持つからといって、成年後見人等の意見が優先されることは許されていない。

　Ｅさんの場合は、両親（時には母親のみ参加）、成年後見人、相談支

援専門員、グループホームのサービス管理責任者と世話人、通所施設の
サービス管理責任者、介護支援事業所（ヘルパー事業所）のサービス提
供責任者が参加し、定期的にサービス担当者会議が開催されている。E
さん自身の会議への参加については議論があった。それまでは、最初
15分程度参加し、その後退席し、その後で支援の詳細を決めていく方
法が実施されていた。しかし、家族や成年後見人が代弁したとしても、
当事者抜きで会議を進めるべきではないという意見が強まった。言葉の
やり取りや書類を中心にすすめられる会議では、Eさんにとって会議に
参加することは負担になるであろうという考えは間違いとはいえないか
もしれない。Eさんが会議に参加することになって、サービス提供に関
係する書類は事前に関係者に配布され、参加者が事前に吟味し、質疑応
答をし、その上で会議でサービス内容を決定した。サービスの内容につ
いては、各事業者が絵や写真などでEさんに理解しやすいように視覚的
情報を準備し、説明することを確認した。会議ではEさんが全員の顔を
ながめながら、その場を共有することにした。

　サービス担当者会議で決定される「サービス等利用計画」には「利用
者及び家族の希望する生活」を記載する欄があることが一般的である。
Eさんのように重度の障がいがある人の場合、家族が本人の意思を代弁
することが一般的である。しかし、成年後見人は、Eさんに発語がない
以上、その欄は空欄のままでおくことを要求した。その上で、日常の具
体的行動を各事業所が詳細に資料として提出することで、実際のEさん
の行動からEさんの希望や好みを推察し、Eさんの意思を参加者で探っ
ていくこととした。Eさんの参加や会議そのものが形ばかりと批判を受
けることもあると思われるが、顔を見知った大勢の人間が集まり、自分
に語りかけてくれる場面をEさんは拒否したことはなく、提示された写
真等はじっと見ていることがある。写真や絵カードを用いた説明をEさ
んが理解できているとは言い切れない。カードを選ぶことがあっても、

116　第4章　実際の事例から学ぶ

それが意味することを理解し選んでいるとは言い切れないからである。ただし、少なくとも何かを選ぶことは意思決定支援の最初の一歩と言えるであろう。

　重い知的障がいのある人の意思については、長く付き合いのある家族が、あるいは福祉現場の職員が代弁してきた歴史がある。そして、家族の希望により保護が優先されることで、長い期間大規模施設で暮らしている人がいる。施設なりに地域に溶け込む努力がされているとはいえ、施設での生活には、Eさんのように地域生活をおくる人以上に、食事時間、就寝時間、日中の活動など特定の生活が求められている場合が多い。自分自身で意思の表明ができず、誰かに代弁を頼らざるをえない人であるからこそ、その代弁者は、重度の障がいのある人の普通の生活を求めていく重い責任がある。「津久井やまゆり園」という知的障がいのある人が利用する施設で、コミュニケーションが十分に取れない人を対象とした残虐な事件がおき、彼らの生きる意味が論じられた。生きる意味について他人が論じるべきではないことは自明だが、コミュニケーションが困難なのは、当事者の課題というよりも、当事者が発信する意思を十分に受けとめることができない社会の問題と考えるべきであろう。その点で、一般社会に先行し、福祉現場で意思決定支援、意思をくみ取る支援を行う職員、そして、成年後見人等、意思の実現を可能にする代理者は重要な役割を担っている。

　意思決定支援とは何かという議論があり、その一つとして、司法領域における意思決定支援と福祉領域における意思決定支援を分けて、それぞれの意思決定支援のあり方を考える説がある。福祉領域における意思決定支援は近年始まったものではない。これまでも福祉現場では、障がいのある人の意思は存在するのが当たり前、意思や希望、ニーズを重視した支援を行ってきた。ただ、障害者権利条約が批准され、障害者総合支援法や障害者差別解消法などの障がいのある人の権利擁護をすすめる

法律が整備され、さらにいくつかの研究を経て意思決定支援ガイドラインが国によって作成されつつある。旧来の福祉サービスが陥っていた保護中心の特定の生活様式を強いる施設生活ではなく、当事者の意思や自己決定を尊重する、つまり人であれば当然主張するであろう自由を保障する支援をすすめていくためにも、あらためて意思決定支援を福祉領域で意識することは重要と考える。

　ここまで、KSAが法人として、あるいは社員が個人で後見人等に選任され、意思決定支援を意識しながら実践してきた複数の後見活動を主旨に反しない程度に修正、創作した上で事例として紹介した。

　次の事例6では、自閉症スペクトラムのあるわが子の意思を最大限に尊重した子育ての実践から、社会福祉士としての専門的な視点も踏まえ、意思決定支援のあり方を考えた実例を報告する。

事例 6 自閉症であるわが子の意思を尊重した44年

明石洋子

◇やまゆり園の殺傷事件から考えたこと
――一人一人の命の重さと尊厳を大切にする共生社会の実現が再犯防止策！

　2016年7月26日未明に、神奈川県「津久井やまゆり園」において、元職員が抵抗できない障がい者に次々と襲いかかり死傷させる残忍な行為により、19人が命を奪われ、27人が負傷するという痛ましい事件が起きた。障がいのある子を持つ親として、深い悲しみと共に、どこにぶつければいいかわからない強い怒りを感じている。報道によると、容疑者は、障がいのある人の命や尊厳、存在さえも否定する供述をしていると伝えられている。自分と違うことで排除し差別すること、ましてや今回の事件のように存在を否定することは、決して許されない。容疑者の、社会に向けた誤った価値観や認識のメッセージで、さらなる偏見や差別が助長されないか心配している。

　この4月から「障害者差別解消法」が施行され、「不当な差別的取り扱い」に加えて「合理的配慮の不提供は差別」となったが、意思決定支援も合理的配慮も、障がいのある人の尊厳や生命が守られてこその支援である。障がい者の人権の尊重なくしては意味をなさない。「心のバリア」すなわち障がいに対する差別や偏見、同情、憐れみの解消が先決である。今回の事件の容疑者の犯行を正当化している優生思想＝「役に立たない障がい者は生きる価値がない」と同じように、（心の奥底でも）思っていては、意思決定支援を論じる土俵に上がれない。「ヒトラーが

事例6　自閉症であるわが子の意思を尊重した44年　119

降りてきた」と言う容疑者は、ナチスドイツの優生思想の過ちから何も学ぶことができなかったのだろうか？

　よく「親亡き後」と言われるが、親が元気なうちに、多くのサポートの必要な我が子が主体性を持って「自分らしく生きる」ために、どのような支援や制度が地域の中にあれば安心か。支援や制度の必要性を国や自治体（行政）等に提言することが大切であると考えて、親の会などを通じて行動してきた。しかし法律、たとえば「差別解消法」などができ、その法律を根拠に権利を主張しても、地域の人が納得して共感してくれなければ、「絵に描いた餅」になる。権利擁護のためには、地域の人々の「障がいとは何か？」（今は「社会的障壁」が障がいと言われている）を含め、正しい知識とその理解が不可欠である。そのためには「心のバリアフリー」を願って、啓発活動をするしかない。親として身近な隣人からはじまり、今は親の会として川崎市ノーマライゼーションプランの「障がいのある人もない人も共に生きる川崎の街に」の実現に向けて日々啓発に努めている。「地域に生きる」ためには、権利と共感が両輪になるだろう。人格と個性を尊重して共に生きるインクルーシブな社会（共生社会）の実現を目指すには、お互いに歩み寄り、相手をよく知り、理解することが大切で、自分と違うことで排除したり、差別したり、ましてや存在《命》を否定することなど、決して起きてはならない。

　しかし、「障がい者は不幸な存在。家族含め皆が幸せになるために抹殺した。障がい者に安楽死を」というような殺害動機がどうして生まれたのか、事件の背景や真相が究明されることを望む。再発防止のためには、厳重な施錠や外部と接触をなくすなど社会から隔離するのではなく、共生を進めて「心のバリアフリー」への啓発を第一にしてほしいと考える。

◇専門家から「ノーマライゼーション」を、当事者から「当事者性」を学ぶ

——「障害者の権利宣言」（国連1975年）などの知識を得て、目から鱗が落ちた！

● 障害者感の変化

容疑者はナチスドイツの優勢思想〈障がい者20万人以上の虐殺〉の知識は持っていただろうが、障害者の権利宣言や権利条約などの意味（知識）を学んでいたのだろうか？

私たちが声高に「障がい者の尊厳を守ってほしい」と言っても、福祉の基礎知識と人の心に寄り添う感性が皆無であれば、「障がい者の尊厳て何？　腑に落ちない」と思うだろう。この事件を通して、そのように思う人が思いのほか多いと感じ、悲しく、残念に思っている。

しかし私も、我が子に障がいがなかったら、障がい者に無関心で「優秀な子供を育て、いい学校、いい会社にいれたい」と思う親の一人になっていたかもしれない。

私の息子は、1972（昭和47）年、玉のような元気な男の子で、期待を一身に浴びて誕生したが、言葉も話せず、奇異な行動ばかりで、2歳10カ月の時、「重度の知的障がいのある自閉症」と宣告された。「障がいを治そう。普通児にしよう」と思ったが、超多動で、家から飛び出しては店から物は取ってくる、水やトイレのいたづらばかりの問題児。しつけや言葉の特訓は成果が上がるどころか、むしろ強要した指導は、当時自閉症の特徴と言われたパニック・他害・自傷等の強度行動障がいを激化させただけ。我が子の問題行動に振り回され、近所にすみませんと誤る毎日が続き、精神的ストレスに加え、弁償のお金（当時は障がい者の賠償保険などなかった）の経済的負担も加わって、「生きる価値がない。この子を殺して自分も死のう」と思った。しかも当時「自閉症は親の育

て方が原因」と言われ、とくに母親の人格はまったく否定されていた。私は育児に自信喪失し「不幸な子を持つ不幸な親」と絶望した。

しかし、障がいを持つ当事者から「障害者の権利宣言」を教えられ、「同情より、理解と支援を。同情を乞うような行動をする親こそ子どもの人権侵害者。子殺しする親は最大の敵」と非難され、「親は敵」とさえ言われた。

殺される子の立場（人権）を思った。また専門家から「ノーマライゼーション」（当たり前に地域に生きる）の理念を教えてもらい、勇気百倍。まさに「目からうろこ」で、私の障がい者観が変わった。それまでの普通児（100）でないと価値がないという価値観を捨て、「50でいい。不足の50は地域の人から支援してもらおう」と考えた。足の悪い人の「車いす」は、我が子にとっては「人という支援」であると思い、彼の周りに、知って、理解して、支援してくれる人を一人でも多く作ろうと考え、我が子と共に地域に飛び出した。障がい児である前に名前のある一人の人間。「人として」の彼の人生を大切にしたいと思った。彼の生き様（物語）を知るとき、「障がい者の尊厳」も護られると考えた。出会って、触れ合って、理解してもらうこと、そこに人権を護った本当の支援ができる。親亡き後もそれができるよう、制度や法律を追い風に、日常から啓発に力を注いでいる。

● **障害者の権利宣言**

ここで、私の障がい者観に大きく作用した権利宣言について述べたいと思う。

1975年、その年は徹之の弟が誕生し、徹之が障がい児と診断された年でもある。

「障害者の権利宣言」が国連で制定された。その内容にはまた「目からうろこ」であった。それは「障害者は、人間としての尊厳が尊重され

るという、生まれながらの権利を有している。障害者は、障害の原因、特質及び程度にかかわらず、同年齢の市民と同等の基本的権利を持ち、このことは、まず第一に、できる限り普通の、また十分に満たされた、相応の生活を送ることができる権利を有することである」と言ったような内容だった。

　当時の私は小学校に入るまでに、普通児にしようとドクターショッピングをして、自閉症を何とかして治そうと思っていた。しかしどのような高名な医者も病院も「障がいを治せない」と自覚した時期で、この権利宣言を知って、治療の奔走するのは止めよう、「自立と共生」を子育ての目標にしようと決めたのだ。保育園入園や普通学校入学の運動をしたのは、この宣言を知り、同年齢の子どもたちと一緒に遊び学ばせたいと考えたから。「共に遊び、共に学び」の延長線上に、「共に働き、共に暮らす」が本物となると考えた。保育園生活2年間で「子どもは子どもの中で育つ」を実感した私は、同年齢の子どもが選択できる進路は、障がい児と言われる徹之にも与えてあげたいと考えた。社会的な障壁を除去して合理的配慮を行ってこそ、「意思決定支援」ができることを、その言葉を知らない当時から感じていたように思う。真のノーマライゼーションは触れ合わないと実現できないと、今も思っている。

◇ **親亡き後も「地域に生きる」を保障する、待望の法律が次々に制定された**
——「意思決定支援」で障がい者の尊厳、「自分らしく生きる」が可能に！

● **本人主体で生きること**
　日本では、障害者の権利条約を批准するために、障害者基本法が改正され、障害者虐待防止法や障害者差別解消法など国内法が次々に整備さ

事例6　自閉症であるわが子の意思を尊重した44年　　123

れた。

　障害者権利条約では12条に、「法律の前に等しく認められる権利」、すなわち、①人として認められる、②他の者と平等に法的能力を享有する、③法的能力の行使にあたって必要とする支援を利用することができる、等々述べられている。自己決定権（自分のことを自分で決める権利）は誰においてもあたり前に保障される権利であると言うこと。また19条には、他の者と平等に、居住地を選択し、どこで誰と生活するかを選択する機会を有すると書かれている。この条約を批准した日本では、障がいのある人も、「住みたいところで、住みたい人と、必要とする支援を受けての暮らし」が保障されたことになる。

　そこで望む暮らしぶりを把握するために、「意思決定支援」の視点が不可欠となる。とくに、セルフマネジメントが難しい知的障がいや発達障がいの人には、意思決定にあたって、十分な情報提供含め必要な支援が不可欠である。2011年7月に改正された障害者基本法23条で、「意思決定支援に配慮すること」を、国・地方公共団体に求め、翌年6月に成立した障害者総合支援法42条では、事業者に意思決定支援の配慮を義務づけた。今までの「保護・指導・訓練」から「自己決定の尊重と地域生活支援」を理念として、「施策の客体から権利の主体へ」が実現する。支援を受けて意思決定し、その表出した自己決定を尊重した地域生活支援を受けることが可能になる。

　障がいのある当事者が、安心して、自らの希望や好みを見つけ、表明し、それらに沿った支援を家族だけでなく、すべての国民から受けられるという方向性が示された。これまで保護に重きを置いてきた支援者が、本人主体で地域の中で支援することが障がい者福祉の基本になった。法律で保障された障がい者福祉に大いに期待している。しかし権利は得たが、地域の人にこれらの法を理解してもらい共感をどのように得るかがさらに重要となる。

124　第4章　実際の事例から学ぶ

● 地域との関わり

　ここで親として地域との関わりや啓発をどのようにしているか少し述べる。

　自閉症がまだ理解されない40年以上前、奇異な行動を不思議がる地域の人には、誤解だらけだった「自閉症」の説明でなく、徹之の変わった特性とその関わり方など彼の個性として、自閉症児でなく徹之と言う名前の有るその「人となり」を説明した。徹之の自立に必要な、たとえば「挨拶」を教えようとした時も、私は「おはよう大作戦」なるチラシを作り「家で10回の『おはよう』よりも、100人の人から『おはよう』を」をキャッチフレーズにして、「想像する力が弱いゆえ、応用が利かない」という自閉症の特性を、彼は強く持っているため、最初から自立する地域の皆様に、挨拶の学習を支援していただいた。お陰で、挨拶ができる子に育ち、その後の彼の人生で起きた数々の社会的障壁を、その「気持ちよく挨拶ができる」ことで乗り越えていった。

　このように言葉の訓練一つにしても、ある場所で特別な訓練をして『おはよう』と発語できたとしても、意味が無い。挨拶等コミュニケーションは相手があって成り立つもの。自立するのは支援者でなく本人である。周りは、特性（個性）を知って、理解して、支援して、本人をエンパワーメントすることが大切である。「挨拶」の学習から歯科治療もスイミング、アイススケート、ピアノなど新しい経験は、歯科医や各活動の指導者（先生）含め同時期同場所で関わる地域の方々に、彼の特性を説明して支援してもらい、お陰で自立のスキルや趣味や人との関わり方を次々学習していった。それらの関わり方やプログラムなどを書いたチラシは、家族新聞「てっちゃん便り」として、「障害児と共に地域に生きる」家族の姿を地域に伝えてきた。彼が成人になって「徹之は大人

です。てっちゃんと 呼ばないで下さい」と言った24年前からは「明石通信」と名前を変え、当初の限定された地域の皆様から今は全国に読者が広がり、「明石通信」は12頁から24ページの分量になって、全国1300人にお届けしている。

　『共に地域に生きる』の実現は、親や家族を含め地域の人々の価値観が重要と思っているから、知ってもらうしかないと思う。徹之が小さい時に、子どもが入所施設に入ったお母さんに対し、私は「入所施設に入って良かったですね」と言った。しかし後年、親しくなったある当事者から「自分たちは『入所施設に入って良かったね』などと言われたくない。『隣に住んでもいいんだよ』と、隣人からは言われたい」と話された。親の苦労を考え入所はよかったと、私は考えたが、本人が希望しない入所施設に入れられる、当事者の思いまで心が及ばなかった。その頃の当事者の言葉は、私の目からウロコが落ちるような毎日だった。私の障がい者観が、「障がい者の青い鳥は施設にいる」から「地域の中に」と変わった。当事者の思いは、親の私でさえ、出会い、知りあい、教えてもらわない限りわからない。「本人中心」に考える視点が重要。そうして、徹之を地域の中で育てよう、パニックも意志の表れだからそこから彼の思いを知ろう等考え直し、「思いを育て、思いに寄り添う」を子育ての方針にした。とにかく徹之を「知ってもらう」こと。幸いなことに、彼は飛び出しては近所でいたずらをしたから、私は説明の機会を頂けた。無関心では心のバリアは解けない。自閉症の特性（問題行動）と言われた、彼の「超多動」が地域を開拓するチャンスになった。

　「障害のある人もない人も、共に生きる街に」と、川崎市は「ノーマライゼーションプラン」を立てて、現在第4次プランが実行中である。しかし障がいのある人も共に生きる街にはまだまだなっていない。「隣で働いてもいいんだよ」「隣で暮らしてもいいんだよ」と隣人が言うには、これからまだ時間がかかると思う。グループホームの建設反対やマンシ

ョン入居反対運動が川崎市でも各地で起こっている。総論は賛成しても各論は反対、「隣に住むのはお断り」状況がある。また神奈川県相模原のやまゆり園事件のように、「障がい者は抹殺、存在も許さない」と言うような、心のバリア（意識の壁）はまだまだ非常に高い事を痛感している。しかし諦めることなく、「隣に住んでもいいんだよ」「隣で働いてもいいんだよ」というように市民が思うことを願って更なる啓発運動をしなければと思う。幸い、この４月に障害者差別解消法がスタートしたので、「差別解消法施行して（合理的配慮の不提供は差別）」、「自閉症等発達障害にとって合理的配慮とは」「意思決定支援とは」等々、親の会や各団体、社会参加推進センター等の広報紙（誌）に執筆し、また講演依頼など、機会があるたびに、広く市民に伝えていっている。聴いてすぐ理解できるものではないので、これはずっと伝えていかないといけない。

● 親の会等の活動

　親の会等団体としては、川崎市社協の障害者団体部会（傷痍軍人の会がなくなったので今は18団体）で、毎年「障害者の日」には啓発運動をしている。18団体全部の説明チラシを入れたティッシュ4000個を、毎年12月の第一土曜日に市民に配っている。団体部会の副部長の私は、毎年川崎駅前を担当している。10年以上前は受け取る人も少なく無関心な人が多く虚しさも感じたものだが、今では30分以内に配布が完了するぐらい反応が良くなった。以前の無関心や冷たい視線が、少しずつ変わっていることは実感している。継続は力なりである。

　この障害者の日は川崎市の身体障がい、知的障がい、発達障がい、精神障がい等の18団体が一緒に運動している。車いすや白杖等の身体障がい者の方たちは目で見てある程度わかるので、合理的配慮もちょっと説明するだけで伝わるが、自閉症等発達障がいの人は、なかなか目で見

てもわからず、誤解されやすい。徹之が自閉症と言われた頃は「母原病」とも言われ、「親の子育ての失敗で自閉症になった」と誤解されていた。それに関してはAC機構（公共広告機構）なども使って「自閉症になったのではない、自閉症に生まれてきただけ」等のメッセージを送って、「脳の機能障がいである」とずっと言い続けてきたが、40年後の2012年5月に、大阪「家庭教育条例」が誤解と偏見で書かれ、議員さんたちはいまもって誤解されていることが判明し、落ち込んでしまった。しかし「ピンチはチャンス」とプラス思考し、議員さんに働きかけ、その後、法律や条例を作る議員さんたちは「不勉強では恥をかく」と自覚されたのか、自閉症の関心を持って勉強してくれて感謝している。

　さらに自閉症協会としては、4月2日の世界自閉症啓発デー（国連が制定）等に、いろいろなイベントを開催し、自閉症の理解と支援を願ってイベントを開催している。2016年4月でイベント（トーク＆ライブ等）も9回目になった。「自閉症啓発デーには、世界中をブルーに」の合言葉に協力して、川崎市「マリエン」と、商業施設（株）チッタデッラの映画街チネチッタの「ガラスの塔」を、発達障害啓発週間（4月2日〜8日）期間中、ブルーにライトアップしている。市民が「なんで今日は塔がブルーなの?」と関心を持ってもらうことで、説明する機会が与えられると思っている。ブルーのガラスの塔の、私が撮った写真が、第10回自閉症啓発デーのポスターに採用され嬉しく思う。

　さて、ここで確認しておきたいが、自閉症は親の育て方が原因でなく、「生まれながらの脳の機能障がい。中枢神経の発達に問題がある」と言うこと。正しく理解し、合理的配慮をするなど、適切な環境整備（構造化など）して二次障がいと言われる強度行動障害を予防することで、社会に適応することができる。「障がいが不幸」と思えるのは周りの意識の問題で、とにかく「啓発」が重要となる。なぜ「啓発」が大事かと言うと、「権利」ばかりを主張すると共感が得られない。障がいのある人

128　第4章　実際の事例から学ぶ

もない人も共に生きる社会にするには、「共感」が大切で、双方が歩み寄らなくては駄目だと思う。そういう意味においては、障がいがある人たちの気持ちを理解し、共感して、支援してもらうことが不可欠かと思う。この「権利」と「啓発」の２点でずっと運動をしてきた。

◇「思いを育て、思いに寄り沿う」子育て方針が、結果「意思決定支援」に
──「意思決定支援」は「合理的配慮」をしてこそ可能になる！

「意思決定支援」が法律になる前から、私は実践していたように思う。「思いを育み、思いに寄り添う」「自己決定を尊重する」ことを私は、子育ての基本にしていた。

　逃げ足は早いのに、かけっこはビリ。「意思が働いている行動の時のみ、素晴らしい力を発揮する」と気がつき、彼の意思がどこにあるかを探ることが一番大切と思った。本人主体の視点を持って「思いを知り、思いを表現できる力を育む」こと、そして地域の方々の支援のもと「自己決定を実現につなげる」こと。これらを子育ての基本に据えた。

　追いつけないほど全力で疾走していた幼児期と同様に、今も自分の意思が働く時は、持っている能力を最大限使って、一生懸命努力をしている彼がいる。

　障がいの概念の「医学モデル」（障がいを本人の問題と捉え、障がいの克服に視点を置く考え方）ではまったく不可能な、高校や公務員への挑戦も、信じられないほど潜在能力を開花させて、一生懸命努力をした。この進路を私が希望すれば、「親のエゴ、高望み、無理強いして」と非難されるだろう。親も主治医も無理だと思えたこの進路を決めたのは本人。自分の進路を自分で決めたのだ。2000年の社会福祉基礎構造改革で福祉のキーワードになったのが、まさに「自己決定」。

事例6　自閉症であるわが子の意思を尊重した44年　129

誰でも、最初から自己決定はできない。幼いうちから「選ぶ」ということをさせておけば、その経験が成長したとき「自己決定」となる。適切かつ十分な支援があれば、重い障がいがあってもその人なりの自己決定はできる。今まで支援者は、支援の欠如や不適切なかかわりに気づかず、障がい者が自己決定できないのはその人の障がいにあると決め付けていたように思う。自らの子育てで、本人がわかる十分な情報提供や教育や社会経験が保障されれば自己決定は可能となると思っている。どのような重い障がいのある人でも、人として思いがある。ただ、その思いを引き出すには、その人の特性を理解し、じっくり付き合い、信頼関係を作り、コミュニケーションスキルを工夫する等適切な支援が必要となろう。

　「思いを育て、思いに寄り添う」といった、今でいう「意思決定支援」を子育ての方針にして、「具体的・視覚的・肯定的」な関わり方である、今でいう「合理的配慮」を試行錯誤しながら彼を育てた。「できることより幸せになること。叱ることより褒めること」をモットーに知恵と工夫の子育てだった。彼は自己肯定感のある子に育ち、「元気に働く大人になります」と自己決定して、今、川崎市職員として働いてもう24年目。44才の今でも、毎朝、近所の人に「おはようございます。今日もお仕事がんばります」と挨拶しながら首を左右に振り振り元気に出勤し、視覚的に構造化したスケジュールと作業プログラム（手順書）を味方に手を抜くことなく働き、ヘルパーの支援を受けながら夕食作りなどをして、人生を主体的に自分らしく明るく生きている。

　一般的に、自閉症スペクトラムのある人への合理的配慮は、わかりやすい簡潔な言葉でその意図や目的を伝えた上で、図やイラスト等を使って説明する等、「肯定的・具体的・視覚的な伝え方の工夫」、スモールステップによる支援（仕事の手順書作成など視覚的情報提供）、感覚過敏がある場合は音や肌さわり、室温など感覚面の調整を行う（周囲から受け

る刺激を減らすためにパーテーションの設置等）などが言われている。

　たとえば、「ちゃんと座りなさい」（抽象的）でなく「手を前に置いてください」（具体的）と言う等。合理的配慮をすることで問題行動は激減する。本人の労力や機能よりも、周りに環境（人の支援含む）次第で、障がいは重くもなり、軽くもなることを彼の人生で実感している。自閉症スペクトラム等の障がい特性に対する合理的配慮により、虐待やさまざまな事件の防止、当時者の社会参加の促進等、住みやすい世の中が実現できることを大いに期待している。

◇ 意思がわかりづらい人の意思決定支援の具体例として
――問題行動について発想の転換をすることで、気がついた！

●「本人のカード」
　当時、「お宅はどんなしつけをしているのですか」と叱られるたびに、問題行動と言われた、水やトイレや数字等への「こだわり」を、はじめは取り除こうと何度も試みた。しかし「ダメ！」という否定的な態度は、彼に一層の混乱を引き起こし「パニック」に陥らせた。「超多動」で隣近所に迷惑をかけ、私は謝るしかなかった。これらの「問題行動」を「マイナス思考」すれば、子殺しをしかねない。ゆえに発想の転換をして、「プラス思考」をせざるをえなかった。

　これらの問題行動の対応で気がついたことが、それが今回のテーマである「意思決定支援」になっている。具体的のどのように、問題行動をプラスに転換したかを述べる。

　第一に、「パニック（かんしゃく）」は、私が彼の気持をわかってないから起きているのではないかと考えた。すなわち彼の問題でなく、私のかかわり方こそ問題なのだと。むしろ「パニックは意思のあらわれ」と逆転の発想をした。「そうじゃなくって」と言えないから、パニックと

言う形で、体で表現していると思った。当時の教育も福祉も、パニックに対しては力で押さえつけていたが、考えようによっては、パニックは彼に強い意志がある証拠だから、思いを育てるチャンスになる。

　私は、パニックを起こしているわが子の「意思を知りたい。わかりたい」と思った。

　それで、おやつなど食べるものや着るもの、遊びに行く先など、本人の前に選択肢を並べて意思の確認をしようと考えた。提示した選択肢の意味がわかるためには、最初は実物から。次いで写真、カード、文字、簡単な言葉へと、コミュニケーションのスキルに合わせて、選択肢を工夫しなくてはならない。最初「カード」を提示しても意味がわからず、かんだり破ったり投げたりしたから、「実物」からスタート。彼の成長過程に沿って、彼がわかる「選択肢」（見てわかる）を並べて、意思の確認をしていった。

　本人の「〜したい」が、私にわかるためには、日々知恵と工夫をしていくしかない。この幼児期の段階は、親の私が「できる（食べもの、行く場所等）」ことしか、選択肢に出せなかったから、選択肢は「私のカード」（私の選んだもの）だった。ただし、出したカードから彼が選んだものは、必ず応じてきたので、この積み重ねで、彼の中に「自分が選んだものは、必ず実現できる」という確信が芽生えたようだ。選ぶことによって、次々と意思を出していき、パニックがまったく起きなくなった。やはりパニックは意思の表れだとわかった。思いが通じると彼は穏やかになった。パニックは本人も嫌なものだった。

　その後、私が「できる」ものから、私が「できそうもないもの」へと彼の思いが発展した。私のカードでなく彼が「本人のカード」を出してきた。

　それが「高校受験」であり「公務員チャレンジ」。私のカードにはない。「中学校時代のクラスメートが高校に行く。定時制高校の年上の同級生

が清掃局に勤務している」、これらは彼が当たり前の環境にいたから入ってきた情報。また彼は、自分が自己決定したものはその実現に向けて、信じられないほど努力をした。自己決定は自己責任も伴うのか、自分で決めたことは、失敗しても人のせいにはしない。ただ、失敗しても、「支えてもらえる」という安心感があることが、再度チャレンジには必要だった。自己肯定感とチャレンジ精神が育っていた彼は、前例のない高校生にも、公務員にもなることができた。

　一般的に、安心と信頼に基づく相互関係から、意思も芽生える。そのためには周りの人が、選択肢を豊富にすること、そして情報提供を工夫することが不可欠である。楽しい経験を積むことで、概念形成ができる。地域の中で生きて、周りが「合理的配慮」をしながら社会経験を豊富にすることで、選択肢が増え、自己決定も本物になる。

● プラス思考で克服

　その他の自閉症スペクトラムの特徴の一つである行動障害（以前は、問題行動と称されていた）もプラス思考で克服した。

　自閉症の大きな特徴である「こだわり」については知恵がフル回転している証拠とプラス思考して、「こだわりを職業に、こだわりを趣味に」と利用した。こだわりが「清掃」（トイレ掃除、ふろ掃除）の職業にもなり、絵を描くことやパントマイムなどの趣味にもなった。こだわりは「好きこそものの上手なれ」。

　また「超多動」は好奇心旺盛ゆえで、興味関心がどこにあるかがわかる。そして行った先での「いたずら」も、誠実に謝り、むしろ説明する機会をいただいたとプラス思考すれば、隣人との関係つくりの機会になる。こうして周りに理解者支援者が増えていき、彼の思いが実現した。「意思決定支援」は、このように40年間の彼と地域との付き合いから学ぶことができた。

彼は今も、社会性、コミュニケーション、想像力に困難がある。具体的には、場の雰囲気や相手の気持ちを理解すること、コミュニケーションのやり取り、イメージを広げることが苦手、こだわりがありパターン化傾向等がある。その障がい特性を理解してもらうために、30数年以上前から「てっちゃん便り」（彼が20才になって「明石通信」と変更）を発行している。正しい理解と適切な支援を（すなわち障がい特性を理解し合理的配慮をして自己決定を支援）してくださった地域の多くの方のおかげで、今の彼がいる。障がいは治っていないが決して不幸ではない。名前のある一人の人として、彼の物語を堂々と語れる。今回の事件のように、名前を伏せたまま亡くなることは悲しい。名前が出せない現実がつきつけられ、日本社会の深層に障害者排除の思想が根深く潜在することを感じ、親としては言いようのないくらい悲しく辛く思っている。障がい者の差別がなくなることを祈る。

◇成年後見と意思決定支援──専門家に期待すること

　障害者権利条約批准のために、支援を受けながら地域の中で共に生きることやサービスの客体でなく権利の主体として社会参加できる法律が次々と制定され喜んでいるが、地域生活は、保護・管理された入所施設と違ってリスクが多い。自分に不利益な契約であっても、よく判断できずに契約を結んでしまい、悪徳業者の被害にあうおそれもある。また財産を管理し、必要な支援サービスの契約などを自分ですることは難しい。親亡き後はなおさら心配である。ゆえに成年後見制度を利用したいと思っている。しかし知的障がい者の利用には課題が山積している。今の成年後見制度は身上監護や見守りより財産管理に視点が置かれ、さらに社会参加の権利、たとえば公務員の欠格条項など権利制限の項目が多くある。包括的に権利制限を行う後見類型の利用が圧倒的に多い現状を見る

と、制度の利用を断念せざるをえない。成年後見法の第一理念である「自己決定を尊重する」を重視して、本人の思いに寄り添った支援、「意思決定支援」を行っているか。意思の確認をしないまま、「できるはずはない」と代理決定をしていないだろうか。現在意思決定支援をしている成年後見人等は寡少だろう。身上監護ですら、「障がい」を十分に理解した心ある成年後見人等の努力に依存している。支援の質は成年後見人等の価値観や人間性次第で、成年後見制度の申し立てをするには親として不安感がある。それ以上に、成年後見制度は欠格事由が多くあることが利用を躊躇させている。支援対象となる障がい者の、人としての尊厳ある人格を尊重し、あわせもつ障がい特性などを十分理解して、長い人生の伴走者としての成年後見支援を考えると、本人の行為を一律に制限している現行制度はおかしい。とくに個人の能力は、その時々の環境や人間関係との相互作用によって決まってくるものであり、わが子の例においても、合理的配慮ができ、意思決定支援ができる人との信頼関係のもとでは、公務員試験合格というまでに高い能力を発揮できるが、一方合理的配慮がまったくない環境においては「なにもできない人」と受け取られてしまう。能力の判断基準は何だろうか。関わる人との相互作用を無視できない。人として等しく持つ権利に制限を加える場合には、納得できる具体的な理由が必要だと思う。その理由なくして制限することは、障がい者権利条約上も大きな問題となるだろう。とくにわが子に密接に関係する地方公務員法の欠格条項（地方公務員法16条1号）については、公職選挙法が改正され成年被後見人の選挙権が回復したように、早急に撤廃してほしい。

　「隣に住んでも当たり前、隣で働いても当たり前」となる真の共生社会が実現できるよう、皆さまとともにがんばりたい。

第5章

誰が本人の意思を
支援するのか

大石剛一郎
（弁護士）

第5章
誰が本人の意思を支援するのか

大石剛一郎（弁護士）

◇ 成年後見制度利用促進法について

1 制定の理由・目的

2016年4月15日、「成年後見制度の利用の促進に関する法律」（以下、「利用促進法」という）が公布され、5月13日に施行された。

同法制定の理由・目的は要するに、「社会的には、成年後見制度を利用する必要のあるケースがたくさんあるにもかかわらず、十分に利用されていない（認知症高齢者は約500万人に達しているとされているが、成年後見制度の利用者総数（障害者も含む）は平成26年12月末日時点で約18万5000人）ので、利用を促進する必要がある」ということである（同法1条）。

2 基本理念

利用促進法の「基本理念」については同法3条1項〜3項において規定されており、およそ次のような内容である。

① 成年後見制度の理念をふまえた利用促進

成年被後見人（以下、本人という）の個人の尊厳を重んじ、それにふさわしい生活を保障し、意思決定の支援を適切に実施し、財産の管理だけでなく身上の保護を適切に実施するなど、成年後見制度の理念をふまえて、成年後見制度の利用を促進する。

② 需要に見合った人材確保

　成年後見制度の利用需要を把握し、所謂「市民後見人」の育成・活用により人材を確保し、地域における成年後見制度の利用需要に対応して、成年後見制度の利用を促進する。

③ 必要な体制整備

　家庭裁判所、関係行政機関（法務省、厚生労働省、総務省その他）、地方公共団体、民間団体の相互協力、役割分担のもとに、必要な体制を整備して、成年後見制度の利用を促進する。

3　利用促進施策推進のための基本方針

　そして、上記2①～③のような「基本理念」に基づいて、国・地方公共団体は施策を策定・実施する、成年後見人等・成年後見等実施機関（成年後見活動・成年後見人育成活動・成年後見支援活動などを行う機関）・成年後見関連事業者（介護・医療・金融など成年後見制度利用に関連する事業を行う者）はこれに連携・協力するよう努力する、国民全体が理解を深め施策に協力するよう努力する、などといったことが規定された上（2条、4条～8条）、利用促進に関する施策推進の「基本方針」として、同法11条において、次のような内容が掲げられている。

① 保佐・補助の利用促進

② 所謂「欠格条項」等の見直し検討

③ 医療行為についての同意権を成年後見人に与える方向の検討

④ 本人死亡後の成年後見人の事務範囲に関する見直し検討

⑤ 任意後見制度の活用

⑥ 成年後見制度の周知・啓発

⑦ 地域における需要把握、情報提供、相談・助言、市長村長申立の積極的活用

成年後見制度利用促進法について　139

⑧　成年後見人等の人材確保及び成年後見人等に対する支援の充実

⑨　⑦⑧の実現のための、成年後見等実施機関の育成及び積極的活用

⑩　成年後見人等の事務監督及び成年後見人等に対する相談・助言等の支援を強化するための、家庭裁判所、関係行政機関及び地方公共団体における体制整備

⑪　家庭裁判所、関係行政機関及び地方公共団体、成年後見人等、成年後見等実施機関、成年後見関連事業者の連携の確保

4　必要な法制上の措置・財政上の措置の速やかな実行、施策実施状況の公表

　政府は、前記3の「基本方針」に基づく施策を実施するため、必要な法制上の措置および財政上の措置を速やかに（法制上の措置については同法施行後3年以内を目途に）講じ、また、その施策の実施状況をインターネット等により公表しなければならない（9、10条）。（なお、同法の法律案提出段階では、同法施行に要する経費は7000万円の見込み、とされていた）。

5　基本計画・成年後見制度利用促進会議・成年後見制度利用促進委員会

　そして、政府は、利用促進の施策の推進のために、「基本計画」を策定することとし（12条）、そのために、内閣府に「成年後見制度利用促進会議」を設置して、「基本計画」の「案」を作成することとし（13条、14条）、そのために必要な重要事項について調査・審議する機関として「成年後見制度利用促進委員会」を内閣府に設置することとした（15条～22条）。

140　　第5章　　誰が本人の意思を支援するのか

6 地方公共団体の努力義務

　地方公共団体に関しては、策定された政府の「基本計画」を勘案することを前提に、市町村は、その地域での成年後見制度利用促進のための基本計画を策定して必要な措置を講じるよう努力し（23条）、都道府県は、市町村の講じる措置を推進するため、人材育成・助言等の援助をするよう努力する（24条）、と規定されている。

7 参議院の附帯決議（自己決定権の尊重、成年後見人等の監督強化）

　また、利用促進法については、参議院内閣委員会で次のような附帯決議がなされた。

　「政府は、本法の施行に当たり、次の事項について適切な措置を講ずるべきである。

　一　障害者の権利に関する条約第十二条の趣旨に鑑み、成年被後見人等の自己決定権が最大限尊重されるよう現状の問題点の把握に努め、それに基づき、必要な社会環境の整備等について検討を行うこと。

　二　成年後見人等の事務の監督体制を強化し、成年後見人等による不正行為の防止をより実効的に行うため、家庭裁判所、関係行政機関及び地方公共団体における必要な人的体制の整備その他の必要な措置を十分に講ずること」。

8 民法・家事事件手続法の改正

　さらに、利用促進法の成立に並行する形で、「成年後見の事務の円滑化を図るための民法及び家事事件手続法の一部を改正する法律」が2016年4月に成立し、同年10月13日に施行されることになっている。その内容はおよそ以下のとおりである。

① 郵便物

成年後見制度利用促進法について　141

成年後見人は、家庭裁判所の嘱託を受け、原則として6カ月以内の期間を定めて、本人宛ての郵便物等につき、転送を受け、開いて見ることができる（民法860条の2、3、家事事件手続法118条8号、120条1項6号、122条1項1〜3号、122条2項、123条1項8〜10号）。

② 本人死後の事務

成年後見人は、本人が死亡した場合、相続人の意思に反することが明らかなときを除き、相続人が相続財産を管理することができるまでの間、必要に応じ、(ア)特定の相続財産の保存に必要な行為、(イ)弁済期の到来している債務の弁済、(ウ)火葬又は埋葬に関する契約の締結その他（(ア)、(イ)以外の）相続財産の保存に必要な行為（但し、家庭裁判所の許可が必要）、をすることができる（民法873条の2、家事事件手続法123条1項11号）。

9 上記1〜8をふまえて利用促進法の制定（および民法・家事事件手続法の改正）をどう考えるか。

(1)そもそも、何故、成年後見制度の利用は十分でないのか。

　成年後見制度の利用を必要としている認知症のある高齢者、知的障害者、精神障害者は約800万人以上いると言われており、これを前提とすると、利用が必要な人の利用率は2.5％にも満たないことになる。なぜ、このような利用率になってしまっているのか。

　実際に現行の成年後見制度を利用する可能性のある人の立場からの指摘としては、次のようなものが考えられる。

ア 本人が望んでいない。

イ 申立て手続きが面倒である。

ウ 成年後見人等をつけると、預金の引出しや生活費の支出等いろいろな面で手続きが面倒になり、不便になる。

エ　成年後見人等がつくと、所謂「欠格条項」によって、権利が制限される可能性がある。

オ　成年後見人等との関係で、本人（成年被後見人等）の意思はあまり大事にされない。

カ　成年後見人等の職務範囲は限られており、必要なことを十分にしてくれない。その意味で、あまりメリットが無い。そして、実際上、何とか本人の生活は回っている。

キ　なのに、成年後見人をつけるとお金がかかる。

ク　そのうえ、財産を横領される危険さえある、と聞く。

ケ　そのような成年後見人等だが、一度つけたら、ずっとついたままになってしまう。

コ　成年後見人等をつけようにも、適当な人が居ない。

⑵ ⑴の検討と利用促進法

　上記⑴のア〜コのうち、イ、ウ、キは、現実的にはたしかにそのようなことがあるものと推測されるが、イについては、申立て手続きを支援する活動の普及、ウについては、（本人の権利を保護するという立場を堅持した上での）預金引出しその他の手続き面の改善、キについては、成年後見制度利用援助事業などの普及・改善などで対応しうべきものと考える。そしてそれらは、利用促進法の基本方針においても念頭に置かれている（同法11条6、9、11号）。

　エは重要な法的問題であり、利用促進法が、見直し検討を基本方針の一つとして掲げている（同法11条2号）。

　カに関しては、同法11条3号で成年後見人等の医療行為への同意は認められる方向で検討されることが規定されているものと解され、また、本人死後の事務など現実的に本人の権利を守るために必要な事務に

関しては、現実的な必要性に即して、適宜法改正される方向にある、と言える（同法11条4号、前記の民法・家事事件手続法の改正など）。

クは社会問題化しているところであり、利用促進法の基本方針においても念頭に置かれている（同法11条10号）。前記**7**のとおり、参議院の附帯決議の二項においても指摘されている。そもそも現在の家庭裁判所の体制を前提に、家庭裁判所に監督機能を委ねることに基本的に無理があるように思う（専門の監督機関を作るべきであろう）が、現状では、後見監督人・後見支援信託などいろいろな工夫をしながら対応していくべき課題である。成年後見制度そのものの信頼に関わる重要課題ではあるが、成年後見制度が本人のことを第三者に委ねる制度である以上、その第三者に関する信頼維持・監督の方法の問題はずっとつきまとう課題であろう。

ケも、現行の成年後見制度の硬直性を象徴する問題だが、結局、本人の権利を保護する必要性がどこにどの程度あるのか、実際の成年後見人等がその必要に応じてどのように動くか、その成年後見人等の報酬をどのように決めるか、という主として運用の問題に帰するだろう。

コは、利用促進法が明確に重視している点であり（同法3条2項、11条7，8号）、極めて現実的な課題であるが、現行の成年後見制度そのものの本質的な問題ではない。

とくに現行の成年後見制度の「本質的な問題」にかかわるのは、ア、オであろう。すなわち、現行の成年後見制度は、本人の意思を尊重し、本人の権利と生活を守る制度になっているのか、ということである。このことについての検討・対応を抜きにして、「利用促進」などありえない。利用促進法はその基本理念として、3条1項において、本人の個人の尊厳、生活保障、意思決定の支援、身上保護を重視することを第一に掲げている。このことが最大限に注目されるべきだが、現行の成年後見制度

を前提としているためか、11条の基本方針の規定においては、本人の意思の尊重のことに関しては、具体的には、1号の保佐・補助の利用促進、5号の任意後見制度の活用くらいしか、出てこない。（それもあって、前記7の参議院の附帯決議の1項では、「自己決定権の尊重」が敢えて強調されているものと思われる）。

(3)　本人の意思の尊重と利用促進法

〔i〕　成年後見制度の理念「本人の権利擁護」

成年後見制度においては、その理念の一つとして「本人の権利擁護」が掲げられている。

「本人の権利擁護」においては、当然ながら、「本人の意思の尊重（本人がどうしたいと思っているのか、どのような意向を持っているのか、を尊重すること）」が重要な要素である。本人の意思を重視しない権利擁護がありうるのは、生命・身体に重大な危険が生じているような虐待状態からの救出場面だけである。それ以外の場面では、（周囲の権利の保護ではなく）本人の権利擁護である以上、本人がどのような意思・意向を持っているのかが蔑ろにされてはならない。

〔ii〕　現状

日本の現行の成年後見制度については統計的には、後見類型の利用が全体の8割を超えている。後見類型は所謂「代行決定」の類型であり、成年後見人が本人の意思に基づかずに法律行為をすることが可能な類型である。つまり、日本の現行の成年後見制度においては、8割方、第三者が本人の意思に基づかずに法律行為をなしうる類型が利用されているのである。

そして実際においては、多くの場合（往々にして保佐・補助類型であっても）、「本人のため」という名のもとに、成年後見人等が、（意思表示

成年後見制度利用促進法について　**145**

をする力が弱い場合が多い）本人の意向を顧みない形で、本人に代わって意思表示を行う（代行決定）形で、成年後見制度は運用されている。

しかし民法858条は、「成年後見人は、成年被後見人の生活、療養看護及び財産の管理に関する事務を行うに当たっては、成年被後見人の意思を尊重し、かつ、その心身の状態及び生活の状況に配慮しなければならない」と規定しているのであり、成年後見人は本人の意思を尊重しなければいけないことが明定されているのである。

この「本人の意思の尊重」が実行されていない、成年後見制度の現状がある。

これが、「本人の権利擁護」を理念の一つとして掲げている（現行）成年後見制度が抱えている最大の問題点であり、前記(1)ア、オはこの点に関する指摘、ととらえるべきである。この点の「成年後見制度を利用しない理由」に対する対応をなおざりにしたままで、成年後見制度を利用促進するならば、それは「本人の権利擁護」に反することになりかねない。

(iii)　利用促進法とどう向き合うべきか。

利用促進法3条1項は、成年後見制度の理念を踏まえて、同制度の利用促進をすべき旨明記している。そこでは、当然、「本人の意思の尊重」が重視されているものと考える。

また、利用促進法11条本文においては、利用促進施策においては、「国際的動向を踏まえる」ことが明記されている。そして障害者の権利に関する条約12条は、2項において「締約国は、障害者が生活のあらゆる側面において他の者との平等を基礎として法的能力を享有することを認める」と定め、3項において「締約国は、障害者がその法的能力の行使に当たって必要とする支援を利用する機会を提供するための適当な措置をとる」と定めている。「国際的動向」としては、どのような障害のある人

であっても、障害のない人と同じように意思能力を持っている、と認識されており、利用促進法もこれをふまえて、解釈・運用されるべきものである。

前述のとおり、利用促進法11条の基本方針においては、本人の意思の尊重に関して具体的には、保佐・補助の利用促進と任意後見の活用くらいしか掲げられていないことや、同法案提出段階で述べられていた7000万円という経費見込みは少額にすぎないのではないか等々、利用促進法についてはいろいろな問題があるが、成年後見制度の理念と国際的動向をふまえた利用促進であること、自己決定権の尊重について参議院の附帯決議がとくになされたことなどに基づき、公表される施策実施の経過（利用促進法10条）や地域での取組み（同23、24条）を注視して、成年後見制度における「本人の意思の尊重」という最重要課題について、少しずつでも有意義な内容を施策・制度に入れ込んでいく努力をしていく必要があるように思う。

◇成年後見活動と意思決定支援

1 成年後見制度の現状と本人の意思の尊重

(1) 前記9(3)(ii)において述べたとおり、日本の現行の成年後見制度利用は、本人の意思に基づかずに法律行為をすることが可能な後見類型が8割方を占めており、実際の運用においても、「本人のため」という名のもとに、本人の意向を顧みない形で、本人に代わって意思表示を行う（代行決定）形で、成年後見活動が行われていることが多い。

(2) しかし、繰り返すが、民法858条は、「生活、療養看護、財産管理といった成年後見活動において本人（被成年後見人）の意思が尊重さ

れるべきこと」を明確に定めている。

　また、「生活、療養看護」の場面に関わる福祉分野の法律においては近年、㋐障害者総合支援法においては、基本理念（1条）として、「どこで誰と生活するかについての選択機会の確保」が明示され、42条において福祉サービス提供者について、51条の22において相談支援事業者について、「障害者等の意思決定の支援に配慮」して職務を遂行すべきことが、㋑障害者基本法23条においては、「行政は、障害者の意思決定の支援に配慮しつつ、成年後見制度などが利用されるようにしなければならない」旨が、㋒知的障害者福祉法15条の3においては、「行政は、知的障害者の意思決定の支援に配慮しつつ、諸々の支援体制の整備に努めなければならない」旨が、それぞれ規定されるに至っている。

　⑶　つまり、法的には、（意思表示・判断能力が十分でないとされている）本人に関する支援については、総じて明らかに、本人の意思・意向を尊重・配慮しつつ行うべきことが強く求められるようになってきている状況にある。にもかかわらず、「本人の権利擁護」を理念の一つとして掲げている成年後見制度においては、その実際の利用・運用にあたって、本人の意思・意向は無視・軽視され、顧慮されていないことが多いのである。

2　具体例

　現行の成年後見制度の具体的な利用例として、次のようなものが挙げられる。

①　本人Ａは30歳男性、中度の知的障害があり、たまにてんかん発作を起こすことがあるが、日常的な平易な言語的コミュニケーションは可能であり、自分の意思を表明できる人である。

② Aは30歳まで、通所施設やヘルパーなどの福祉サービスを利用しながら、住み慣れた地域の自宅で、おおむね健康に楽しく生活していた。とくにヘルパーXがお気に入りだった。

③ Aはときどき精神的に不安定になって暴れて、人に迷惑をかけたり、自分が怪我したり、物を壊すことがあった。その原因については、周囲の人にはよくわからなかった。

④ Aの親M（70歳）は、「親亡きあと」を考え、入所施設を探していたところ、行政から入所施設に空きができたという情報を得て、Aに対し、「いつでも会える」、「嫌になったら帰ることもできる」と告げて、Aを自宅から100キロ離れた施設に入所させた。

⑤ Aは、どういうことなのか、よくわからなかったが、Mの言うとおりに入所した。

⑥ ヘルパーXが、Aの入所から半年後に、その入所施設を訪問してAと会ったところ（里心がつくから、ということで、MはXにまったく会いに行っていなかった）、Aの腕や顔は傷や痣だらけだった。自傷行為によるものだった。Aは、久しぶりにXに会って、とても喜んだうえ、Xに対し「ここ（入所施設）を出たい」と強く言った。

⑦ そこで、XはMに対し、⑥のような状況を報告し、「Aを施設から出すべきではないか」、「私（X）が仲間を募ってAの地域生活の支援をする」と話したが、Mは、「親亡きあとのことを考えたら、我慢してもらうしかない」とのことであった。

⑧ そこでXは、Aの自宅だった家の所在地の市の福祉事務所に相談したところ、市の福祉事務所の担当者は、Mを呼んで話し込み、その結果、Mは、Aについて成年後見人をつけるべく申立てを行い、Aについて成年後見人（後見類型）の弁護士Pが選任された。

⑨ 成年後見人の弁護士Pは、「後見類型のAには判断能力がないので、

成年後見活動と意思決定支援　149

Aの意向を聞いても仕方がない」と考え、とくにAの意向を聞こうとすることもなく、Mの意向を尊重し、Aの入所施設契約を継続し、他方、施設に対し、Aが自傷行為などに至らないための適切なケアを求めた。

⑩　Aはそのまま、その入所施設で生活し、50歳で、施設内の事故で亡くなった。

3　「意思決定支援」について

近年、福祉分野においては、「意思決定支援」という言葉・概念が重用されている（本人の意思に対する配慮に関する福祉関連法における規定については上記1⑵のとおりである）。

これは、2014年1月にようやく日本が批准した「障害者の権利に関する条約」12条2項・3項が、「すべての障害者に意思能力は存在し、締約国は、その意思能力の行使に必要な支援を利用する機会の提供のための適当な措置をとる」と定めているものと解されることの影響が大きいものと思われる。

⑴　「意思決定支援」の定義に関しては、公式的なものは無いようだが、2015年9月8日の厚生労働省社会保障審議会障害者部会（第69回）の資料「障害者の意思決定支援・成年後見制度の利用促進の在り方について」によれば、意思決定支援とは、「知的障害や精神障害（発達障害を含む）等で意思決定に困難を抱える障害者が、日常生活や社会生活等に関して、自分自身がしたい（と思う）意思が反映された生活を送ることが可能となるように、障害者を支援する者が行う支援の行為及び仕組み」とされている。

日本の現行の成年後見制度は、本人（成年被後見人）の日常生活や社

会生活における重要な事項に関する意思決定について、第三者（成年後見人）が本人のために、同意権・取消権を行使したり、代行決定したりすることについての制度であるので、上記に定義される「意思決定支援」の仕組みの中の一つ（しかも極めて重大な位置を占めるもの）と解さざるを得ないだろう。

　⑵　現在、日本では、意思決定支援に関する考え方・仕組みに関しては、いろいろな意見・議論が展開されているが、イギリスの意思決定能力法「mental capacity act 2005」が掲げている、

㋐　前提として、すべての人が意思を決定する能力を有しているものと推定される。

㋑　（医師らによる厳正な検討に基づき）「意思決定能力なし」と判断される場合もありうるが、

　⒜意思決定の援助のために、実行可能なあらゆる方法が講じられているとは言えない場合、⒝賢い内容とは思えないような意思決定をしたということだけが理由の場合

には「意思決定能力なし」と判断されてはならない。

㋒　仮に、本人が意思決定能力なしと判断され、第三者が意思決定（代行決定）する場合には、

　⒜本人にとって最善の利益に適うように、⒝自由制限がより少ないように、

意思決定がなされねばならない。

という原則は、日本における意思決定支援（成年後見制度を含む）を考えるうえで、非常に参考になると思う。同原則における、「意思決定能力なし」と判断される場合がありうる、という立場については、（前記の障害者権利条約12条の趣旨・精神に反するといった立場などから）批

成年後見活動と意思決定支援　151

判もあり、その批判は理念的にはもっともであると思う部分もあるが、いわゆる代行決定型の意思決定支援（現行の成年後見制度）が大きく幅を利かしている（本人の決定権が大きく侵害されている）状況の日本においては、そのような理念的な議論を棚上げしてでも、同原則の精神に学ぶ姿勢の方が実際的であろう。

　また、意思決定支援に関しては、a. 本人が意思決定・判断に必要な力を育む経験・体験を得ていく場面に関する支援、b. 意思決定に必要な情報の提供を受ける場面に関する支援、そして、c. 意思決定の内容を表明する場面の支援、というように、いろいろな場面毎に支援が必要である、とも有力に説かれている。

4　成年後見活動に求められる意思決定支援

　上記2のような例は、上記1⑵に記載した法律に照らせば、「違法な成年後見活動」と言っても過言ではないし、上記3において指摘した、意思決定支援における原則からは、到底肯認しがたいものだと思うが、現在の日本では十分ありうることであろう。

　しかし、「本人の権利擁護」という成年後見制度の理念、本人の意思を尊重・配慮すべきと規定している民法858条、前記の各福祉関連法に照らせば、上記2で選任された成年後見人Pは、当然ながら、たとえば、

①　まず、Aと会って話し（コミュニケーションできる前提に立って、話ができるような一定の関係性を作り、さらに、自分の意見・意向を表明してよいのだという気持ちをもってもらう）、

②　Aに対し入所利用に至った経緯・事情について説明し（現状に関する情報を提供し）、

③　現在の居住環境に関するAの意見を聞き（真意を引き出し）、

④　居住環境に関する選択可能性について、行政や福祉サービス提供者

をあたるなどして調査し（本人の意思の実現可能性について、実現に向けて尽力し）、

⑤　その調査結果をもとにまたＡと話し合ったり、実際に体験入居してみたりして、本人の意向を確認する（多くの情報を前提とした、Ａの意思・意向を引き出す）、

といった過程を経る必要があった。

そのような過程を経ずに、本人Ａの意向を顧慮することなく、Ａの住環境（入所利用継続）を代行決定し、Ａの意思に反して、Ａを地域から隔離した生活環境にとどめてしまったＰの成年後見活動は、Ａに対する「人権侵害」と言っても過言でないだろう。

つまり、現在の日本では十分ありうるケースと思われる、Ｐのような成年後見活動は、明確に否定されるべきであり、上記のようなＰは成年後見人を解任されるべきであったと考える。

このような考えは、日本の現状を考えると、やや過激かもしれないが、それくらいしないと、言葉で強く主張することが十分にできない立場・状況に置かれている障害者等の意思・権利は守れないし、それくらいしないと、成年後見制度は本人の権利擁護のための制度だなどとは言えない、と思う。

●参考文献・資料

◎ アメリカ精神医学会 2014 DSM-5 精神疾患の分類と診断の手引(日本語版用語監修 日本精神神経学会 高橋三郎・大野 裕監訳) 2014年10月アメリカ精神医学会著) 医学書院

◎ 池田惠利子・富永忠祐・小嶋珠実・田邉仁重・新保勇 2015 法人後見実務ハンドブック 民事法研究会

◎ 木口惠美子 2014 知的障害者の自己決定支援 筒井書房

◎ 国立障害者リハビリテーションセンター 発達障害情報・支援センターホームページ (http//www.rehab.go.jp/ddis)

◎ 公益社団法人日本発達障害連盟 2015 厚生労働省平成26年度障害者総合福祉推進事業「意思決定支援の在り方並びに成年後見制度の利用促進の在り方に関する研究」

◎ 厚生労働省 2017 障害者福祉サービス等の提供に係る意思決定支援ガイドライン(案)

◎ 公益社団法人 日本発達障害連盟編 2015 発達障害白書2016年版 明石書店

◎ 上山泰 2015 専門職後見人と身上監護(第3版) 民事法研究会

◎ 成年後見制度利用促進委員会 2017 成年後見制度利用促進基本計画に盛り込むべき事項についての成年後見制度利用促進委員会の意見について

◎ 社会保障審議会障害者部会 2015「障害者の意思決定支援・成年後見制度の利用促進の在り方について」(http://www.mhlw.go.jp/file/05-Shingikai-12601000-Seisakutoukatsukan-Sanjikanshitsu_Shakaihoshoutantou/0000096733.pdf)

◎ 障害者相談支援従事者初任者研修テキスト編集委員会 2013 障害者相談支援従事者初任者研修テキスト 中央法規出版

◎ 全国権利擁護支援ネット 2015 権利擁護支援と法人後見 ミネルヴァ書房

おわりに

　私は、大学卒業後、旧法でいうところの知的障害者入所更生施設で生活相談員として働いていた。当時30名ほどの知的障がいのある人が入所していた。そこで常に感じていたことがある。それは集団生活における「本人主体」「本人の意思決定」の支援の難しさである。どうしても集団としての行動が先に求められ、本人の要望が影に隠れてしまう。集団という環境に「普通の暮らし」とのギャップを感じずにはいられなかった。

　その後、同じ法人内のグループホームへ異動になる。グループホームでの生活が始まると、一人ひとりと向き合う時間が、入所施設にいる時よりもできるようになった。しかし、そこで感じていた難しさは、障がいが重い人の意思をどのように確認し、理解していくかということだった。自分の要望や要求を言葉で発することができない人の気持ちを理解することは、毎日一緒に生活を送っていても、完璧にできるものではなかった。それでも、日々の生活の中で、共に笑い、泣き、時には関係がこじれることもありながら、確かな手ごたえとして、利用者の思いに触れられることも増えていった。その喜びが、福祉職としてのやりがいだと感じた。

　それから、私は福祉の専門職養成をする立場となった。これから福祉現場で働くことを志す学生、に、現場で学んだ「本人主体」「本人の意思決定」の重要さ、難しさを伝えている。

　そして現在、専門職養成を続けながら、知的・発達障がいのある人への就労支援にも携わっている。私はこの現職にて、再度「本人主体」「本

155

人の意思決定」について考えさせられている。それは、障がいの程度によって、本人の意思決定の強弱はあると思うが、障がい程度の重い人ができない、軽い人はできる、というものではないということだ。軽度の知的・発達障がいのある人の中には、自分の思いよりも、周囲の期待していることや一般的な回答を、自分の意思として表明してしまう特性がある人もいる。しかし、特性以上に、「本人の意思決定の経験値の不足」もあるように思うのである。

　どこの学校に進学するか、どのような仕事をするか、どのような生活をしたいか、人はライフイベント毎に決断をする。私が関わる知的・発達障害の人も同じだが、関わりを持つと、本人の意思決定力の弱さを感じることが多い。どのような仕事をするか、仕事場を選ぶかは、やはり働く本人に決めてほしい。仕事をするのは、その人自身だ。しかし、自分がどんな仕事をしたいのか、どんな生活をしたいのか、という意思を持つことができていない人が多い。その能力がないということではなく、生活の中で「自分で希望する」「自分で決める」という経験が少なかったことが背景にあるようだ。進学、就職という大きな決断だけが、意思決定ではない。実際は、生活の中の細やかな意思決定や決断の積み重ねの延長に、大きなライフイベントが来るのだと思う。そのため、就労支援では、実習を繰り返し、本人が体験から学んだ自分の課題と向き合い、自分で考え、就労先を自分で決めていくことに徹底的に寄り添うことにしている。そして、日常の場面でも「自分で考えて、決める」体験を増やせるよう、本人に関わる人の協力も得られるような働きかけも行っている。

　だからこそ、この本に書かれている成年後見制度も、利用が目的ではなく、本人らしい生活を送るための手段であることを、忘れないでほし

い。そしてその利用にも、また利用してからも、本人がどのように暮らしたいかという「本人の意思決定」が、たとえ日常の小さなことであっても、大事にされるように支援してほしい。

　その力が、この本を書いた団体にあることは、読者にはお分かりであろう。切磋琢磨しながら、これからも利用者と向き合う姿勢を保ち続けてくれるに違いない。

　最後に、これを執筆している最中に、津久井やまゆり園の事件が起きた。成年後見制度の内容や事例から、「障がいのある人の意思決定」ということを考えていた中、信じがたい事件であった。障がいのある人の人権がこれほどまでに侵害された事実に、我々はどう向き合っていくべきなのか。断じて許すことのできないこの事件に対し、この団体の強みは、実践の中で答えを出していくことができるということだ。これまで積み重ねてきた事例の検証と、日常の事例の振り返りを通し、障がいのある人の「地域における、安全で安心した生活」をどう実現していくのか、これまでと同様、真摯に実践し続けることを期待している。

　最後に、法人を代表して、法人の活動に対して常に適切なアドバイスをいただいている崔震圭医師と大石剛一郎弁護士に心から感謝いたします。

　また、本書の発刊にあたり、企画趣旨にご理解いただき、ご尽力いただいた現代人文社の西村吉世江さん、木野村香映さんには心からのお礼を申し上げます。

一般社団法人　川崎市障がい者相談支援専門員協会

監事　矢原理絵

◎編著者プロフィール

小澤温（おざわ・あつし）

東京大学・医学系研究科・博士課程修了。その後、愛知県立心身障害者コロニー発達障害研究所、国立障害者リハビリテーションセンター研究所で障がい児および障がい者の福祉に関する研究に従事する。大阪市立大学・生活科学部・助教授、東洋大学社会学部およびライフデザイン学部・教授を経て、現在、筑波大学・人間系・教授。専門は、障害福祉学（とくに、障がい児、知的障がい、精神障がい）である。

主な著書・編著に、『障害者福祉の世界』（第5版）有斐閣、『よくわかる障害者福祉』（第6版）ミネルヴァ書房、『相談支援専門員のためのストレングスモデルに基づく、障害者ケアマネジメントマニュアル』中央法規出版、『障害者福祉論──障害者に対する支援と障害者自立支援制度』全社協、『障害の理解』中央法規出版、『生活と福祉』建帛社など。

大石剛一郎（おおいし・こういちろう）

1959年東京生まれ、中学生から川崎市に在住。弁護士。NPO法人湘南ふくしネットワークオンブズマン、NPO法人パンダJ、NPO法人かわさき障がい者権利擁護センターに所属。川崎市（障がい者施設等）苦情解決第三者委員。知的障がい者に対する虐待事件、障がい者・高齢者施設のオンブズマン活動、知的障がい・発達障がい者の刑事被告事件、精神障がい者・知的障がい者の成年後見活動などに関与する機会が多い。が、普段は一般民事事件（消費者事件、交通事故、離婚、相続等）や会社事件などを担当している。

一般社団法人 川崎市障がい者相談支援専門員協会（KSA）

平野光男（ひらの・みつお）

> 社会福祉士、KSA 代表理事

船井幸子（ふない・ゆきこ）

> 社会福祉士、KSA 代表理事

大場 幸（おおば・さち）

> 社会福祉士、KSA 理事

中古 翠（ちゅうこ・みどり）

> 社会福祉士、KSA 理事

田中真由美（たなか・まゆみ）

> 社会福祉士

小嶋珠実（こじま・たまみ）

> 社会福祉士、臨床心理士
>
> 公益社団法人 あい権利擁護支援ネット 理事
>
> 一般社団法人 成年後見センター ペアサポート理事

明石洋子（あかし・ようこ）

> 社会福祉士、薬剤師
>
> 一般社団法人 川崎市自閉症協会 代表理事
>
> 社会福祉法人 あおぞら共生会 副理事長
>
> NPO 法人 かわさき障がい者権利擁護センター 理事長

事例で学ぶ

障がいのある人の意思決定支援

地域生活を支える成年後見活動

2017年3月10日　第1版第1刷発行

編　者　　小澤温・大石剛一郎・川崎市障がい者相談支援専門員協会
発行人　　成澤壽信
編集人　　木野村香映
発行所　　株式会社 現代人文社
　　　　　東京都新宿区四谷2-10 八ッ橋ビル7階 (〒160-0004)
　　　　　Tel.03-5379-0307 (代) Fax.03-5379-5388
　　　　　henshu@genjin.jp (編集部) hanbai@genjin.jp (販売部)
　　　　　http://www.genjin.jp/
発売所　　株式会社 大学図書
印刷所　　シナノ書籍印刷株式会社
装幀　　　鈴木 章 (skam)

検印省略　Printed in JAPAN　ISBN978-4-87798-670-4 C3032

© 2017 ozawa atsushi, ohishi kouichirou, kawasakishisyougaisha
soudansiensenmoninkyoukai

本書の一部あるいは全部を無断で複写・転載・転訳載などをすること、
または磁気媒体等に入力することは、法律で認められた場合を除き、編著
者および出版者の権利の侵害となりますので、これらの行為を行う場合に
は、あらかじめ小社または編著者宛てに承諾を求めてください。